国外国防科技年度发展报告（2021）

陆战领域科技发展报告
LU ZHAN LING YU KE JI FA ZHAN BAO GAO

中国兵器工业集团第二一〇研究所

国防工业出版社

·北京·

图书在版编目（CIP）数据

陆战领域科技发展报告/中国兵器工业集团第二一〇研究所编著． —北京：国防工业出版社，2023.7
（国外国防科技年度发展报告．2021）
ISBN 978 – 7 – 118 – 12939 – 7

Ⅰ.①陆… Ⅱ.①中… Ⅲ.①陆地战争 – 科技发展 – 研究报告 – 世界 – 2021 Ⅳ.①E151

中国国家版本馆 CIP 数据核字（2023）第 132428 号

陆战领域科技发展报告

编　　者	中国兵器工业集团第二一〇研究所
责任编辑	汪淳
出版发行	国防工业出版社
地　　址	北京市海淀区紫竹院南路 23 号　100048
印　　刷	北京龙世杰印刷有限公司
开　　本	710×1000　1/16
印　　张	17
字　　数	215 千字
版 印 次	2023 年 7 月第 1 版第 1 次印刷
定　　价	120.00 元

《国外国防科技年度发展报告》
(2021)
编委会

主　　任　耿国桐

委　　员（按姓氏笔画排序）

王三勇　王家胜　艾中良　白晓颖
朱安娜　李杏军　杨春伟　吴　琼
吴　勤　谷满仓　张　珂　张建民
张信学　周　平　殷云浩　高　原
梁栋国

《陆战领域科技发展报告》

编 辑 部

主　　编　沈　卫

副 主 编　陈永新　胡阳旭

编　　辑（按姓氏笔画排序）

王建波　齐梦晓　李　静　李雅琼
杨晓菡　宋　乐　范夕萍　薛　杰

《陆战领域科技发展报告》

审稿人员（按姓氏笔画排序）

王　磊　王三勇　王银赛　方　勇
柳朝阳　梁秀兵

撰稿人员（按姓氏笔画排序）

于　洋　门　宝　王　林　王　勇
王　磊　王昌强　王建波　王桂芝
方福生　冯国帆　全寿文　刘宏亮
刘婧波　齐梦晓　许彩霞　李　静
李大光　李雅琼　杨晓菡　范夕萍
季自力　岳松堂　赵　敏　胡　杨
胡阳旭　胡靖伟　柏席峰　贾喜花
夏文成　唐　宁　唐　睿　龚超安
董姗姗

编写说明

科学技术是军事发展中最活跃、最具革命性的因素,每一次重大科技进步和创新都会引起战争形态和作战方式的深刻变革。当前,以人工智能技术、网络信息技术、生物交叉技术、新材料技术等为代表的高新技术群迅猛发展,波及全球、涉及所有军事领域。智者,思于远虑。以美国为代表的西方军事强国着眼争夺未来战场的战略主动权,积极推进高投入、高风险、高回报的前沿科技创新,大力发展能够大幅提升军事能力优势的颠覆性技术。

为帮助广大读者全面、深入了解国外国防科技发展的最新动向,我们以开放、包容、协作、共享的理念,组织国内科技信息研究机构共同开展世界主要国家国防科技发展跟踪研究,并在此基础上共同编撰了《国外国防科技年度发展报告》(2021)。该系列报告旨在通过跟踪研究世界军事强国国防科技发展态势,理清发展方向和重点,形成一批具有参考使用价值的研究成果,希冀能为实现创新超越提供有力的科技信息支撑。

由于编写时间仓促,且受信息来源、研究经验和编写能力所限,疏漏和不当之处在所难免,敬请广大读者批评指正。

军事科学院军事科学信息研究中心
2022年4月

前　言

陆战技术主要是指支撑陆战装备和作战人员更好地发挥作战能力的技术，主要涉及陆战相关的战略规划、无人与智能技术、毁伤技术、网络信息技术、士兵技术等方面。

本书针对 2021 年国外陆战技术的发展情况，从综合动向分析与重要专题分析两个方面对年度的重要事件、热点事件进行综合评述和专题分析。综合动向分析对陆战科技领域、坦克装甲车辆技术、火炮技术、弹箭技术、陆战无人装备技术、陆战反无人技术、陆战装备电子信息技术、火炸药技术等相关分领域进行了综合评述。重要专题分析则从以下几个方面进行了分析：陆战综合与战略包含陆战和陆战科技相关的战略规划文件解读，陆战领域的综合性专题分析；陆战无人与智能技术分析了国外无人装备作战试验情况、可重构机器人研发情况、美国陆军人工智能技术军事应用情况等；陆战网络信息技术重点阐述了陆军在加强网络建设方面的举措和特点等，对美国陆军《统一网络计划》进行了解读；陆战毁伤技术对远程打击导弹的发展及应用、机器学习在火炸药领域的应用等进行了分析；陆战士兵技术对单兵飞行器、综合视觉增强系统等士兵应用的装备技术进行了分析。

最后，以附录形式展示了陆战技术领域一些值得关注的内容，包括 2021

年陆战科技领域十大进展、大事记、战略规划文件等。

  本书得到了军事科学院军事科学科技信息中心王三勇、方勇，中国兵器工业集团第二一〇研究所王磊等多位专家的悉心指导。

编者
2022 年 3 月

目 录

综合动向分析

2021年世界陆战领域科技发展综述 ·········· 3
2021年坦克装甲车辆技术发展综述 ·········· 16
2021年火炮技术发展综述 ·········· 21
2021年弹箭技术发展综述 ·········· 29
2021年陆战无人装备技术发展综述 ·········· 37
2021年陆战反无人技术发展综述 ·········· 46
2021年陆战装备电子信息技术发展综述 ·········· 55
2021年火炸药技术发展综述 ·········· 62

重要专题分析

综合与战略

美国陆军发布战略文件规划多域转型 ·········· 71
美国国防部《反小型无人机系统战略》分析 ·········· 76
美军城市作战技术发展态势 ·········· 83
美国陆军多举措推动云现代化 ·········· 92
美国陆军"远征技术探索"竞赛分析 ·········· 98

美国陆军2022财年预算分析 ·················· 108

无人与智能技术

国外瞄准实战加快开展无人装备作战试验与演习 ·················· 116

美国可重构仿生机器人技术发展分析 ·················· 126

美国陆军"会聚工程"积极应用人工智能技术 ·················· 135

俄罗斯无人与反无人作战力量建设 ·················· 140

网络信息技术

美国陆军《统一网络计划》解读 ·················· 149

美国陆军加强战场通信网络建设 ·················· 164

美国陆军积极参与"联合全域指挥与控制"体系建设 ·················· 172

2021年美国陆军电磁战能力发展新动向 ·················· 180

陆战毁伤技术

美国陆军精确打击导弹发展及作战运用分析 ·················· 186

机器学习成为提升火炸药研发安全的新途径 ·················· 191

美国常规弹药引信电子元器件供应紧张问题分析 ·················· 199

士兵技术

主要国家单兵飞行器技术发展动向分析 ·················· 205

美国陆军综合视觉增强系统发展分析 ·················· 213

附录

2021年陆战科技领域十大进展 ·················· 223

2021年陆战领域科技发展大事记 ·················· 229

2021年陆战领域年度重要战略规划文件、作战概念 ·················· 242

2021年陆战领域重大项目 ·················· 248

2021年陆战领域重大科研试验、演习情况 ·················· 253

ZONG HE

DONG XIANG FEN XI

综合动向分析

2021年世界陆战领域科技发展综述

2021年，国外陆战领域在战术网络、人工智能、自主与无人、反无人等前沿技术方面研究、试验和应用活跃。美国发布《反小型无人机系统战略》《陆军数字化转型战略》等报告加速陆军能力建设和转型，开展了高超声速武器、火炮增程技术、反无人技术等研究，推进了自主与无人、人工智能等技术在陆战平台和作战中应用；俄罗斯发展了无人机蜂群技术以及反无人技术；以色列将人工智能应用于实战；法国对激光武器进行测试等。

一、美国陆军推进战场网络建设，提升对抗环境中的通信能力

2021年，美国陆军发布《陆军数字化转型战略》《陆军统一网络计划》指导战场通信网络建设，开始部署陆军战术网"能力集21"为下车士兵提供增强的网络能力。

（一）发布数字化转型战略，打造高效的数字化部队

10月，美国陆军发布了《陆军数字化转型战略》，目的是利用云、数据、网络安全和任务网络等创新性和变革性数字技术，从根本上改变陆军

作战方式，提高人员素养，优化工作流程，使陆军能够在未来多域作战中获得决定性优势，应对大国竞争挑战。该战略的发布将促使陆军对变革性数字技术进行大胆投资，改革业务流程，通过技术创新加强基于数据的决策能力等。

（二）发布统一网络计划，提供多域作战所需网络

10月，美国陆军发布《陆军统一网络计划》，该计划阐述了什么是统一网络、为什么要构建统一网络，以及如何实现统一网络三个问题。该计划意在全面解决陆军信息技术和网络问题，指出"陆军统一网络"需分三个发展阶段和五条任务线实现统一网络。该计划通过塑造、同步、整合和管理统一网络，发展软件定义网络和数据编织等关键技术，使陆军部队作为联合部队的一部分，在高度对抗和拥挤的作战环境中具备决策优势。

（三）开始部署陆军网络"能力集21"，加快战场网络建设步伐

1月，美国陆军战术指挥控制与通信项目执行办公室提出，2021年为4个步兵旅战斗队部署"能力集21"，随后美国陆军对部署在印太地区的"能力集21"进行了评估。"能力集21"包括部署"综合战术网络"，在指挥所、手持与车载计算机上安装通用操作环境，通过软件更新提升现有终端的卫星通信可靠性等内容。"能力集21"为士兵提供现代化的战术网络，提升远征能力，简化网络连接和操作，减小通信系统体积和重量，提升通信速度。

二、人工智能技术研究和应用活跃，提升数据分析和决策能力

2021年，人工智能技术在以色列打击哈马斯的实战中得到应用，美国陆军"会聚工程–2021"综合演习实验中将人工智能技术贯穿全部场景，

陆军未来司令部发布人工智能未来 5 年研发需求。

（一）人工智能技术首次用于以色列对哈马斯的打击，执行预警、目标确定等任务

5 月，以色列发动"城墙卫士"行动，对哈马斯实施打击。行动期间，动用了以色列情报部门开发的"炼金术士""福音""智慧深度"等人工智能系统。以色列称这是世界上第一场人工智能战争。"炼金术士""福音""智慧深度"系统使用人工智能等技术分别执行预警、数据分析与打击目标确定，以及定位哈马斯火箭弹阵地等任务。此次行动中，人工智能在态势感知、数据分析、地形测绘分析、高价值目标确定等方面发挥重要作用，预示着人工智能战争正在逐步成为现实。

（二）人工智能贯穿美国陆军"会聚工程－2021"演习的多个场景，推进人工智能技术军事应用

10 月至 11 月，美国陆军联合其他军种开展了"会聚工程－2021"综合演习实验，探索新型技术在未来战争中的应用以及未来作战样式。人工智能技术贯穿演习的各个场景，提供联合全域态势感知、联合火力打击等能力。如实验期间美国陆军运用人工智能技术识别目标，扫描美国东部沿海 7200 千米^2 区域；运用国防部研制的"专家工程"人工智能软件，在 0.9 米^2 大小的区域内，寻找、识别出指定目标，随后投放 2 枚制导炸弹摧毁目标。人工智能可有效缩短杀伤链时间，降低指挥官认知压力，提高瞄准速度与精度。

（三）美国陆军未来司令部发布人工智能未来五年研发需求，关注变革性技术的研究与应用

8 月，美国陆军未来司令部人工智能集成中心发布需求公告，概述了其未来 5 年（2021—2026 年）关注的 11 个变革性人工智能研究与应用领域，包括自主平台、人工智能和机器学习算法、基于人工智能的决策、分析与人机交互、数据可视化和合成环境、可靠定位导航授时、感知、通信与网络、物联网、人效、基础性支持方法。在实现自主地面车辆与飞行器在复杂、混乱的城市、地下等环境运行,增强所有指挥层级的战场决策能力等方面,人工智能技术将发挥重要作用。

三、无人技术成熟度不断提升,增强陆战平台自主和蜂群作战能力

2021 年,自主技术在"海玛斯"火箭炮上应用,无人集群、无人蜂群技术受到多国重视,无人战车技术在美俄的试验和演习活动中得以测试等。

(一)美国陆军开发"自主多域发射车",提升远程打击和反舰能力

6 月,美国陆军首次对外公布了"自主多域发射车"并完成概念可行性试验验证(图1)。该发射车是"海玛斯"火箭炮的无人化改型,可跟随前方车辆自主行驶;能由士兵遥控发射"精确打击导弹"和制导火箭弹,执行远程对地打击和反舰作战任务。"自主多域发射车"将与"海玛斯"火箭炮混编,列装于多域特遣部队,部署在西太平洋、欧洲等地区,突破兵力规模上限对陆军炮兵部队能力的限制,显著提升炮兵阵地的火力强度,有效打击对手防空阵地、舰船等目标。

(二)俄罗斯开展无人集群演示和概念研发,提升蜂群作战能力

9 月,俄罗斯"标记"战斗机器人与无人机集群协作,进行了巡逻演示(图2)。演示地点为车里雅宾斯克地区,巡逻路程共 100 千米,涉及公路和越野路段,耗时约 5 小时。操作员只需要选择起点和终点,"标记"机器人即可通过相机和传感器自行生成地图并制定最快路线,行程中可自主避开障碍物。

图 1　美国陆军"自主多域发射车"

图 2　俄罗斯"标记"战斗机器人

2月，俄罗斯披露了可集群使用的"闪电"无人机全尺寸模型（图3）。"闪电"无人机概念与美国"小精灵"无人机相似，既可充当诱饵，也可探测和攻击敌人的敏感设施，对地面固定和机动设施进行精确打击，且具备电子战能力。俄罗斯新型"雷霆"无人机能够控制10架"闪电"无人机进行集群侦察和打击，并可以改变无人机集群任务。

图 3 俄罗斯"闪电"无人机

自主巡逻演示以及"闪电"无人机的应用，都表明俄罗斯正不断朝着地面无人作战、无人车与无人机协同跨域作战迈进。

（三）美俄在大规模演习中试验无人战车，推进地面无人装备和技术的实战应用

10月至11月，美国陆军在"会聚工程-2021"演习中试验了多款无人车：一是采用战术机器人控制器控制远征模块化自主车，该无人车可在有限的人机交互下与无人机协同执行侦察任务；二是"起源"无人车车载系留式四旋翼无人机与无人机协同执行火力打击、火力支援任务等。9月，俄罗斯首次在俄白"西方2021"联合战略演习中为常规部队编队编配"天王星"-9和"涅列赫塔"无人战车，这两款无人战车在战斗行动中摧毁了3000~5000米距离内的模拟士兵和车辆目标。这说明地面无人技术正逐步走向实战应用，为提升陆战部队作战能力、改变作战样式带来革命性影响。

（四）美国研制出火力打击型四腿机器人，能自主探测打击潜在威胁

10月，美国"幻影"机器人公司在陆军协会年会上展出了一款火力打击型四腿机器人（图4），该机器人配装1挺6.5毫米口径步枪，最大射程1200米，能在远程指令下装弹入膛、清理枪膛并确保安全。该机器人步枪采用人工智能技术，能探测并锁定潜在威胁。该机器人可替代士兵在城市、地下等复杂环境中执行火力打击任务，减少士兵伤亡。

图4　火力打击型四腿机器人

四、高度重视反无人技术，技术方案多样化

2021年，美国国防部发布《反小型无人机系统战略》，美国陆军利用"郊狼"无人机击败无人机群，俄、澳等国开发无线电波、捕捉网等多种反无人技术，使陆战部队免受小型无人机威胁。

（一）美国国防部发布《反小型无人机战略》，指导反小型无人机能力建设

1月，美国国防部发布《反小型无人机系统战略》文件，该文件明确了美军反小型无人机战略的目标：一是保护美国在本土、海外驻地和突发地点的人员、资产和设施；二是开发装备和非装备解决方案，保障国防部任务的安全执行；三是建立和扩大与盟国、伙伴国的关系，保护美国在海内

外的利益。该文件还提出加强反小型无人机基础能力建设、构建联合反小型无人机能力、加强内外协作与信息共享等相关举措。这份文件是美军在多年反无机发展和实践基础上制定的更清晰、更准确的反小型无人机战略，凸显了美军对小型无人机威胁的高度重视。

（二）美国陆军试验利用"郊狼"无人机反无人机群，实现以无人机反无人机群

7月，美国陆军在尤马试验场利用"郊狼"Block 3 无人机成功击败了无人机集群。在试验中，"郊狼"Block 3 与由10架无人机组成的集群交战，并将其击败，这些无人机具有不同量级、航程、机动能力和复杂度。此次试验是"郊狼"Block 3 首次使用非动能毁伤型战斗部（雷声公司尚未公布新战斗部的类型和毁伤机理）在空对空作战中击败无人机群，并在同一试验中实现生存、回收、更新和再利用。

（三）俄美等国开发无线电波、微波等反无人机系统和方案，反无人机技术多样化发展

俄罗斯开发无线电波反无人系统。3月，俄罗斯电子公司开发出通过无线电波使无人机失效的"防护"系统，该系统由不发射任何辐射的无源传感器组成，使用从无人机上反弹的外部信号（如数字电视信号）来探测目标。俄罗斯开发基于导弹的网捕型反无人机系统。4月，俄罗斯联邦核中心开发出一种反无人机网捕系统，该系统采用激光制导导弹，导弹将装有捕捉网的容器带至无人机所处的区域，当人工智能识别出无人机后，系统打开捕捉网，有效捕获执行复杂机动任务的高速无人机。

美国演示微波反无人机技术。4月，美国埃皮鲁斯公司向政府客户演示了"利奥尼达斯"微波技术。在演示中，"利奥尼达斯"微波系统成功击落了66个无人机目标。

五、开展定向能技术研制和试验,提升陆战部队近程防空能力

2021年,美国陆军制定了定向能发展和部署的策略,完成了定向能型机动近程防空系统的测试(图5),开展了300千瓦级激光武器原型的研制,法国开展了陆基中功率激光炮试射。

图5 美国陆军定向能型机动近程防空系统

(一)美国陆军制定定向能策略,加速定向能武器部署

8月,美国陆军快速能力与关键技术办公室消息称,未来司令部与该办公室制定了一项定向能策略,自2022财年开始,将定向能样机交付作战部队。为支持这一策略,陆军快速能力与关键技术办公室开展50千瓦级定向能型机动近程防空系统、300千瓦级间瞄火力防护能力——高能激光武器,以及间瞄火力防护能力——高功率微波武器研制,用于保护固定和半固定站点免受无人机、旋转翼和固定翼飞机,以及炮弹、火箭弹等的威胁。其中,配装50千瓦级激光武器的定向能型机动近程防空系统已于8月完成测试,陆军计划2022年在欧洲部署1个装备该系统的防空排。

（二）法国开展陆基激光武器试射，成功拦截无人机系统

7月，法国武器装备采办局对"HELMA–P"陆基中功率反无人机激光炮原型机进行了试射。试射中，反无人机激光炮对1千米以外的飞行目标进行了数次发射，在几秒内摧毁了数架不同型号的无人机，无人机目标飞行速度超过50千米/小时。该激光武器除了用于拦截无人机，未来还可用于空地打击。

（三）美国陆军研究更高功率和高功率密度激光器，为高能激光武器提供高质量激光源

10月，美国陆军快速能力和关键技术办公室授出300千瓦级激光武器原型设计合同，由通用原子电磁系统公司提供可扩展的分布式增益激光技术、电池系统和综合热管理系统，由波音公司提供光束导引器和精确的采集、跟踪和指向软件，联合研制300千瓦级固态分布式增益激光器。这种激光器将具有换热能力强、体积小、重量轻等优势，能够提升激光武器的输出功率和光束质量，是未来高能激光武器发展的一个重要方向。

4月，在美国陆军资助下，宾夕法尼亚大学和杜克大学合作，将超对称性引入二维激光器阵列，设计制备出功率密度得到数量级提升的微激光器二维阵列，这种激光器阵列具有单一微激光器的稳定性。研究人员在5×5的二维激光器阵列上演示结果表明，超对称阵列最终产生的单模激光发射功率和功率密度可以达到原阵列的25倍和100倍以上。这项研究标志着在创造更高效和可部署的激光源方面迈出重要的一步，为高能激光武器的开发提供了的新思路。

六、高超声速、炮弹增程等技术持续发展，提升陆战毁伤和增程等能力

2021年，高超声速武器技术、增程火炮的炮弹装药技术和炮弹发动机

技术取得进展,增强陆战部队远程打击能力。

(一) 美国陆军首个远程高超声速武器连开始装备训练,高超声速技术接近实战应用

10月,美国陆军首个远程高超声速武器连接收了除导弹外的其他所有装备,包括4辆发射车、连作战中心等,并开始进行训练(图6)。远程高超声速武器系统是美国陆军重点研制的远程打击武器系统,射程超过2775千米,弹头速度超过马赫数5,可用C-17运输机机动部署。先行列装发射与指控装备并开展训练,可使士兵熟悉武器系统操作方法,也有助于新武器战术和作战流程的制定,确保导弹列装后能迅速形成战斗力。

图6 美国陆军交付首套远程高超声速武器

(二) 美国陆军研究炮弹发动机和装药技术,提升增程火炮射程

5月,美国陆军为"增程火炮"研制的XM1155冲压增程炮弹已完成第一阶段竞标工作,包括波音公司在内的2家公司获得了第二阶段研制合同。XM1155炮弹将通过提升初速、增加升力面、配装冲压发动机等多种技术手段来实现100千米以上的射程。与常规火箭助推发动机相比,冲压发动机无需携带氧化剂，可装填更多燃料，燃烧时间更长，使炮弹在更长时间内保持高速飞行。

3月，美国陆军作战能力发展司令部与德国莱茵金属武器弹药公司签署一份合作研发协议，联合研究增程火炮用超级发射装药，推动XM654筒式超级发射装药的发展与应用。XM654筒式超级发射装药是将发射药装入一个大型刚性药筒内，刚性药筒材料必须满足火炮发射压力和速度需要，以实现70千米及更远程增程火炮应用需要。美国陆军已制备出长度约1.5米、质量约20千克的筒式超级发射装药原型，并邀请士兵体验装弹流程（图7）。

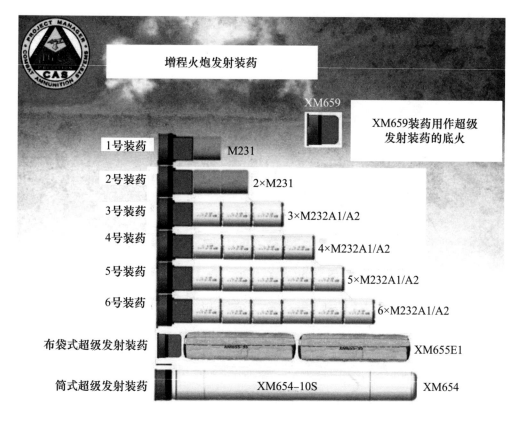

图7　增程火炮发射装药

结束语

2021 年，国外陆战领域无人化、智能化趋势明显，人工智能技术在实战中应用，实现以更少的士兵控制更多的武器装备，提升陆战集群作战、指挥决策方面的能力。这一年的发展中，陆军战术网络开始部署应用，提升下车士兵网络通信能力；反无人技术发展活跃，技术解决方案呈多样化发展；定向能技术开展试验，中低功率激光武器接近部署；其他高超声速技术、炮弹增程技术等也得到不同程度的发展。

（中国兵器工业集团第二一〇研究所　胡阳旭　王磊　王建波　李雅琼　王昌强　李静　柏席峰　刘宏亮）

2021年坦克装甲车辆技术发展综述

2021年,世界坦克装甲车辆技术发展呈现如下特点:美俄英法等国采用先进技术推进主战坦克升级,增强防护能力、机动能力、杀伤力和态势感知能力;多国装甲车辆通过配装中口径自动炮、反坦克导弹以及高能激光武器来提升火力;英国、德国等国家在主战坦克上安装或者测试主动防护系统,以有效防御制导和非制导反坦克武器,主动防护技术开始在主战坦克上推广应用;复合橡胶履带技术进一步发展。

一、多国采用先进技术推进主战坦克升级

以美俄英法为代表的多个国家采用先进技术持续推进主战坦克升级,升级内容涉及防护能力、机动能力、杀伤力和态势感知能力等方面。其中,美国陆军在2020年底采购具有更强防护能力、生存力和杀伤力的M1A2C主战坦克,并且在2022财年预算中申请了9.81亿美元用于70辆M1A2C"艾布拉姆斯"主战坦克升级。俄罗斯陆军在2021年接收了T-80BVM主战坦克以及一批T-90M"突破"主战坦克。T-80BVM主战坦克是T-80BV主

战坦克的改进型，增强了火力、防护、机动性，采用功率更高的升级型燃气轮机，以及新的多通道炮长瞄准具。该坦克还安装了辅机电站，以降低燃油消耗，坦克行程从335千米延长至500千米。T–90M主战坦克采用升级型炮塔，装甲防护显著增强，可抵御聚能穿甲弹。发动机功率从617千瓦增加到831千瓦，以保持坦克机动性。英国计划将148辆"挑战者"2主战坦克升级为"挑战者"3，"挑战者"3为全数字化主战坦克，能与作战旅中其他战车连接，实现跨域数据共享，主炮升级为1门L55A1式120毫米高膛压滑膛炮，能够发射新型弹药和可编程弹药，包括DM11可编程空爆弹和DM53尾翼稳定脱壳穿甲弹；配备光电新型瞄准具，为车长提供独立的昼/夜全天候"猎–歼"能力，能够比对手更快地捕获并打击目标。法国国防部与奈克斯特系统公司续签超过10亿欧元"勒克莱尔"主战坦克升级合同，在未来10年升级200辆"勒克莱尔"主战坦克，提高"勒克莱尔"主战坦克的火力、机动性和防护能力。其中2025年完成122辆升级，以满足法国陆军"蝎子"计划要求。此外，乌克兰展示的T–64BM2主战坦克是T–64主战坦克现代化改进型，发动机功率从625千瓦增加到735千瓦，配备新型通信和定位系统、热瞄准具，可在夜间有效作战。

二、装甲车辆重点配装中口径自动炮提升火力

2021年，多国装甲车辆通过配装中口径自动炮、反坦克导弹以及高能激光武器来提升火力。美国陆军在中口径武器系统项目下为"斯特赖克"DVHA1双V形车底车型配备30毫米自动炮，计划为3个旅各装备83辆加装中口径武器系统的"斯特赖克"装甲车。美国陆军对配备50毫米自动炮的LAV 700装甲车进行射击测试，50毫米自动炮是美国下一代战车项目的

候选武器。俄罗斯推出了配备 B05Ya01 "岸"炮塔的 BMP－3 步兵战车，炮塔配装 1 门 2A42 式 30 毫米自动炮、4 枚待发"短号"反坦克导弹、1 具 AG－30M 式自动榴弹发射器以及 1 挺 PKTM 式 7.62 毫米并列机枪，以最佳效费比提升 BMP－3 步兵战车火力。通用动力公司与 MBDA 公司合作推出配备"硫磺石"导弹的"阿贾克斯"演示车。在车辆顶部安装 2 具"硫磺石"导弹发射器，每具发射器配备 4 枚待发"硫磺石"导弹。打击地面或海上快速移动的车辆或船只，可摧毁装甲车和主战坦克。韩国已在"赤背蜘蛛"步兵战车上集成了"长钉"LR2 反坦克导弹，并于 2021 年 2 月初成功试射。"美洲狮"步兵战车开始装备 MELLS 轻型多用途导弹系统，并准备集成一套独立于炮塔的辅助武器系统，BAE 系统公司展示配备 D 系列炮塔的 CV90 步兵战车，炮塔上配备 1 门 50 毫米火炮。塞尔维亚推出装备俄罗斯 57 毫米 AU－220M 自动武器站的"拉赞斯基"装甲车。阿联酋为"惹丹"装甲战车集成高能激光武器，系统包括激光系统和先进的光电/红外传感器，可探测、识别和跟踪无人机等多种威胁，并在锁定目标后实施快速、精确打击，使无人机失效。

三、主动防护技术开始在主战坦克上推广应用

"战利品"主动防护系统从 2010 年起安装在以色列国防军的"梅卡瓦"主战坦克上，自 2011 年投入使用以来，经过实战检验，能够抵御火箭弹和导弹，能定位敌方火力来源并立即做出响应，从未出现过车辆受损或乘员和步兵受伤的情况。之后，美国陆军 4 个旅的 M1A2 "艾布拉姆斯"主战坦克以及德国 1 个连的"豹"2 主战坦克都采用了"战利品"主动防护系统。随着各国反坦克能力不断扩散，杀伤力不断提高，为提高乘员和车辆的生

存能力，2021年更多国家在主战坦克上安装或者测试主动防护系统，以有效防御制导和非制导反坦克武器，主动防护系统开始在主战坦克上进一步推广应用。其中，英国为"挑战者"3主战坦克选择"战利品"主动防护系统，俄罗斯计划为T-72B3M和T-80BVM主战坦克配备"竞技场"-M硬杀伤主动防护系统，拉法尔公司向以色列国防军和美国陆军提供了约1000套"战利品"主动防护系统。10月，在波兰国际国防工业展览会上，美国通用动力公司首次向公众展示配备"战利品"主动防护系统的M1A2 SEP V2"艾布拉姆斯"主战坦克。德国已批准在其"豹"2A6主战坦克上测试"战利品"主动防护系统，葡萄牙陆军考虑为其"豹"2A6主战坦克加装主动防护系统，为坦克提供360°探测、跟踪和拦截来袭反坦克弹药的能力。土耳其展出了安装"普拉特"主动防护系统的M60TM主战坦克。印度陆军为T-90S/SK主战坦克寻求主动防护系统，计划2025—2027年列装的所有T-90系列主战坦克（1600~1700辆）都可能配装新型主动防护系统。

四、复合橡胶履带技术进一步发展

加拿大苏西防务公司复合橡胶履带技术已在全地形车和轻型装甲战车上使用了40多年，在CV90系列步兵战车等传统中型装甲战车上使用了20多年。复合橡胶履带比钢制履带轻得多，重量通常约为钢制履带的一半，甚至可减少60%的履带重量。"武士"步兵战车集成复合橡胶履带后重量减轻1502千克，整车重量减少了约5%。减重有很多好处，包括减少振动和降低噪声，降低车辆摩擦损耗，提高耐用性、弹道和地雷防护，减轻后勤支援负担。英国、加拿大、挪威等国将复合橡胶履带安装装甲车上完成系列试验,验证复合橡胶履带的优缺点。

根据英国陆军装甲试验与研发部门和加拿大苏西防务公司的试验报告,"武士"步兵战车在5000千米的试验中,公路行驶油耗降低了16%,越野行驶油耗降低了24%。挪威陆军对复合橡胶履带的试验结果也有类似的发现。将复合橡胶履带集成到42吨"豹"指挥控制坦克上时,油耗降低33%,行程增加约50%。在"武士"步兵战车试验中,车长所受振动的降幅为45%,驾驶员所受振动的降幅为28%,炮手所受振动的降幅为39%。

挪威关于M113A3装甲车试验的报告指出,采用复合橡胶履带时车辆的牵引杆拉力比采用钢制履带时高191%,如果在履带上加装防滑链,那么该比例提高至240%,越野性能更好。挪威开展的冰上制动试验中,车辆配备钢制履带时制动距离为330米,配备复合橡胶履带时为154米,配备复合橡胶履带和防滑链时为116米。

在45吨的车辆中,复合橡胶履带的预期寿命约为5000千米,与诱导轮、负重轮和主动轮等主要部件的使用寿命相当。在"武士"步兵战车5000千米的试验中,与钢制履带相比,复合橡胶履带能节省415小时的保养时间,日常保养仅需目视检查,无需定期更换衬垫。完全更换履带仅需不到2.5小时,而钢制履带则需6小时。加拿大对"豹"指挥控制坦克进行的测试表明,复合橡胶履带的使用寿命超过5000千米。

(中国兵器工业集团第二一〇研究所 贾喜花)

2021 年火炮技术发展综述

2021 年，国外火炮武器系统保持活跃发展态势。印度、葡萄牙和英国开展相关项目，提升炮兵能力；美国发展增程火炮、轮式机动榴弹炮和近程防空系统等，多个研制项目稳步推进；俄罗斯发展轮式自行榴弹炮、新一代自行迫击炮，多型装备研制达到关键节点；英国启动现役火箭炮升级计划，并开始生产新型坦克滑膛炮；德国测试自主榴弹炮，并积极发展轮式自行火炮和具备反无人能力的 30/35 毫米高炮等。

一、印、葡推进野战炮兵现代化项目，英国重建炮兵能力

印度和葡萄牙推进炮兵现代化计划，提升未来野战炮兵能力。2020 年 12 月，印度国防部在国防采办程序"制造－购买"类别下推进 155 毫米牵引炮招标，计划直接从以色列埃尔比特系统公司采购 400 门"阿托斯"155 毫米牵引榴弹炮，其余 1180 门将由兵工厂委员会根据技术转让进行本土许可生产；2021 年 1 月，印度拉森特·博洛公司宣布第 91 门 K9 "金刚"－T52 倍口径 155 毫米履带式自行榴弹炮提前下线出厂；通过换装新型 155 毫

米自行和牵引榴弹炮，结合"全球采购"和"印度制造"策略，稳步推进"野战炮兵合理化计划"，满足印军当前和未来作战需求。2021 年，葡萄牙陆军披露计划在 2030 年前开展野战炮兵现代化项目，其中《2019—2030 年军事规划法》批准了 3100 万欧元用于该项目。该项目包括对 18 门 M119 轻型榴弹炮进行现代化升级，采购 52 倍口径 155 毫米牵引或自行榴弹炮取代 M114A1 榴弹炮，可能包括 18 门 M109A5 自行榴弹炮的现代化升级。

英国开展"机动火力平台"项目，重建炮兵能力。在 2021 年 3 月公布的《综合防务和安全审查报告》中，英国政府拨款 8 亿英镑（约 10 亿美元）用于在 2030 年前重建炮兵能力，重点包括"机动火力平台"项目。该项目计划采购 116 门新型榴弹炮取代已服役约 30 年的 AS90 式 155 毫米自行榴弹炮。该项目计划 2022 年发布建议需求，2025 年签订最终合同。2021 年 6 月，韩国韩华防务公司计划和一家英国公司合作，推出基于 K9"雷电"155 毫米履带式自行榴弹炮的"英国制造"型（K9A2），参加"机动火力平台"项目竞标；2021 年 9 月，法国奈克斯特系统公司表示其"凯撒"8×8 轮式自行榴弹炮参与项目竞标。

二、多国积极发展 155 毫米车载/轮式自行榴弹炮，美、韩发展新型 155 毫米履带式自行榴弹炮

美国、俄罗斯、德国、巴西等多国陆军纷纷发展或引进新型车载/轮式自行榴弹炮，减少对重型运输装备的依赖。2021 年初，美国陆军在尤马试验场对机动榴弹炮项目竞标产品进行评估，包括英国 BAE 系统公司"阿契尔"榴弹炮、以色列埃尔比特系统公司"阿托莫斯"8×8 榴弹炮（也称"铁刀"）、法国奈克斯特系统公司"凯撒"6×6 榴弹炮、塞尔维亚尤戈音

波特公司"诺拉"-B52 M21 8×8 榴弹炮。截至 2021 年年中，以色列新型"西格玛"52 倍口径 155 毫米（10×10）自行榴弹炮已发射数百发各种类型的 155 毫米炮弹，该炮将于 2023 年前后开始取代以色列国防军现役 M109 式 39 倍口径 155 毫米履带式自行榴弹炮。2021 年 7 月，巴西陆军宣布正式批准采购一种可空运、最大射程 40 千米的 155 毫米车载自行榴弹炮，希望采购 36 门车载榴弹炮，装备 2~3 个炮兵营。2021 年 9 月，俄罗斯乌拉尔车辆厂表示 2S43"锦葵"152 毫米 8×8 自行榴弹炮正处于最终试验阶段，计划 2022 年完成所有试验；该炮将是俄罗斯列装的第一种轮式自行火炮，可提升空降部队火力，帮助炮兵部队在数小时内运抵指定地区。2021 年 9 月，德国莱茵金属公司自主研发的新型 155 毫米轮式自行火炮的全尺寸样炮首次披露，首门样炮正在制造中，最终目标是满足国内和国际市场需求。2021 年 9 月，捷克国防部长签订了一份价值 2.45 亿欧元的合同，从法国奈克斯特集团采购 52 门"凯撒"8×8 自行榴弹炮，取代已在捷克武装部队服役 40 多年的"达纳"152 毫米自行榴弹炮；10 月底，比利时武装部队表示将从法国奈克斯特公司采购 9 门"凯撒"155 毫米轮式自行榴弹炮，以提高炮兵火力打击能力；12 月，印度巴拉特锻造有限公司推出 155-BR 155 毫米（4×4）自行榴弹炮，该炮可在地形崎岖的山区部署，是世界上首门安装在 4×4 高机动轻型卡车底盘上的 39 倍口径 155 毫米榴弹炮。

美国增程火炮项目取得重要进展，将拓展常规火炮射程。2021 年 9 月，美国陆军第 2 装甲旅战斗队第 27 野战炮兵团第 4 营在仪式上接收 2 门增程火炮样炮；10 月初，在尤马试验场，配装增程火炮的通用动力公司 XM1210（XM1113ER）火箭增程弹在演示中射程超过 70 千米。增程火炮基于 M109A7"帕拉丁"155 毫米自行榴弹炮升级，底盘不变，美军通过三种技术途径提高火炮射程：一是采用 58 倍口径、9.1 米长的炮管；二是开展新型弹药研究，包括 XM1113 和 XM1115 火箭增程弹等；三是开展超级发射药研究，确保增程火炮的远射程。

韩国发布 K9 "雷电" 155 毫米自行榴弹炮研发路线图。2021 年 9 月，韩国韩华防务公司发布了 K9 自行榴弹炮的研发路线图，提出将在基本型 K9 和升级型 K9A1 的基础上研发三种升级型：K9A2、K9A3 和 "K9 下一代"。K9A2 将配备全新的炮塔、全自动弹药装填系统和改进型火控系统，计划于 2027 年完成升级；K9A3 将增加车辆的有效续航里程并提升车辆自主能力，炮管长度将延长至 58 倍口径，实现整车自主运行，计划于 21 世纪 30 年代启动升级；"K9 下一代" 计划通过引入 "有人－无人" 编队进一步扩展自主能力，计划于 2040 年完成开发并投入使用。

三、俄、德测试榴弹炮自主能力，美、马引入 105 毫米轻型火炮

德国测试 "拳击手" RCH155 自主榴弹炮。2021 年 4 月，德国克劳斯－玛菲·威格曼公司正在测试 "拳击手" RCH155 自主榴弹炮。该炮结合运用了经验证且符合北约联合谅解备忘录的 52 倍口径 155 毫米身管和基于 "拳击手" 底盘的 "阿格姆" 无人炮塔，最大射程 54 千米，未来还可实现自主驾驶和遥控作战，兼容北约弹药，将开辟全新作战选项，如打击移动目标、营地防护等。

俄罗斯演示榴弹炮与侦察无人机协同作战能力。2021 年 5 月，在下塔吉尔的斯塔尔训练基地，2S19M1－155 "姆斯塔"－S 自行榴弹炮在演示期间的最大射程达到 40 千米，并显示了与 "海雕"－10E 无人机和控制系统的良好协同能力。在自动模式下，"海雕"－10E 无人机可将目标坐标传递给控制系统，由控制系统计算出合适的射角并将数据发送给自行榴弹炮

乘员。

美国陆军测试 105 毫米机动榴弹炮系统。2021 年 5 月,美国 AM 通用公司与美国陆军签订了一份固定价格合同,提供 2 门"鹰眼"(也称"悍马"2-CT)105 毫米机动榴弹炮用于美国陆军性能测试。该炮将 M20 式 105 毫米榴弹炮安装在配备乘员舱和平板平台的 M1152A1 式 4×4 高机动多用途轮式战术车上,总重约 6.4 吨,具备低成本精确打击能力,可有效替换 106 毫米无坐力炮、120 毫米迫击炮及其他 105 毫米火炮系统等现有武器系统。

马来西亚 LG1 Mk3 式 105 毫米榴弹炮全面投入使用。2021 年 10 月,马来西亚陆军参谋长正式宣布,皇家第一炮兵团的 LG1 Mk3 式 105 毫米榴弹炮已全面投入使用。LG1 是一种现代 105 毫米牵引榴弹炮,由法国奈克斯特集团专为快速部署部队设计,具有坚固耐用、易于操作、射速高(12 发/分钟)和质量小(1650 千克)等特点,最大射程 17 千米,可由轻型卡车、普通直升机和战术运输机在丛林、森林、山脉等复杂地形的战区快速部署。

四、多国提升多管火箭炮能力,英法推动新型坦克炮研发

2021 年,英国、阿拉伯联合酋长国、孟加拉国和巴西通过升级或直接引进发展多管火箭炮,提升纵深压制能力。2 月,阿拉伯联合酋长国签订合同从韩国采购一批 K239"春穆"多口径多管火箭炮;该火箭炮采用 8×8 军用卡车底盘,最大速度 80 千米/小时,最大行程 450 千米,可配装不同类型的发射箱,发射 130 毫米非制导火箭弹、227 毫米非制导火箭弹、239 毫米制导火箭弹,以及 400 毫米和 600 毫米导弹,射程可达 36~290 千米。3 月,英国陆军宣布启动一项为期 5 年的项目,旨在升级英国陆军装备的

M270 多管火箭炮，项目获得 2.5 亿英镑（约合 3.44 亿美元）拨款；美国将从 2022 年开始为英国 44 辆发射车中的首批安装改进型装甲驾驶室，升级后的火箭炮将继续服役到 2050 年，确保英国陆军未来 30 年内继续保持强大的地面纵深火力能力，以快速应对当前和未来威胁。6 月，孟加拉国陆军已接收土耳其洛克桑公司生产的 TRG-300 "虎"式多管火箭炮；该火箭炮采用"卡玛兹" 65224 系列 6×6 军用卡车底盘和火箭弹，发射使用两型惯性导航系统 + GPS + "格洛纳斯"系统的 300 毫米火箭弹，精度约为 10 米，其中，Block Ⅰ 型射程 30~120 千米，Block Ⅱ 型射程 20~90 千米。7 月，巴西陆军炮兵司令部开展实弹射击试验，从阿维布拉斯宇航工业公司生产的"阿斯特罗斯" Ⅱ 轮式自行火箭炮上试射了最新升级型 SS-60 火箭弹；"阿斯特罗斯"系列火箭炮可发射 5 种非制导火箭弹，SS-60 的战斗部重量最大，该炮可装载 4 枚 SS-60 火箭弹，最大射程 70 千米。

法国披露下一代主战坦克武器概念。2021 年 4 月，法国奈克斯特系统公司披露了下一代主战坦克武器概念，并将其命名为"阿斯卡隆"，旨在应对未来重型装甲威胁；奈克斯特系统公司将"阿斯卡隆"概念定位为一种开放式架构解决方案，从而为法-德地面主战系统主武器的未来联合开发奠定基础；地面主战系统的目标是到 2040 年左右替换法国"勒克莱尔"和德国"豹"2 主战坦克。

英国"挑战者"3 主战坦克首批 120 毫米滑膛炮提前投产。2021 年 9 月，莱茵金属公司表示，用于试验测试的 2 门 L55A1 式 120 毫米滑膛炮提前在工厂投入生产，该炮是"挑战者"3 主战坦克升级项目的关键部件。生产完成后，滑膛炮将进行集成、测试与验证，随后交付位于英国的莱茵金属 BAE 系统地面公司与新型数字炮塔集成。

综合动向分析

五、多国发展新型防空武器,俄罗斯新一代自行迫击炮即将投产

美国陆军在研两款近程防空系统取得重大进展。2021年4月,"机动近程防空系统"列装首支防空炮兵营并部署于欧洲。2021年8月,"间瞄火力防御系统"增量2项目选定戴奈蒂克斯公司和雷声公司联合提出的"持久之盾"方案,该系统采用"多任务发射器"改型和AIM-9X"响尾蛇"导弹改型,主要用于应对巡航导弹威胁,兼顾对火箭弹、炮弹和迫击炮弹的拦截能力。

俄罗斯"铠甲"-S1系列弹炮结合防空系统取得多项进展。2021年2月,南部军区使用"铠甲"-S弹炮结合防空系统在安全距离探测、识别并摧毁了空中目标,击退了模拟的无人机蜂群攻击;11月,图拉仪器仪表设计局首次在俄罗斯境外展示了"铠甲"-S1M弹炮结合防空("铠甲"-S1升级版)系统的缩放模型;11月,巴西和俄罗斯继续就采购"铠甲"-S1系统再次进行谈判。

德国重点发展具备反无人能力的小口径高炮。2021年3月,德国莱茵金属公司披露了最新研制的"空中游骑兵"30机动防空系统;该系统配备1门30毫米自动炮,安装在重2~2.5吨的炮塔中,适用于重量更轻的履带式和轮式车辆,重点用于应对无人机威胁。11月,莱茵金属公司展出了车载型"空中奈克斯"35毫米高炮系统;该系统配装厄利空公司Mk3式35毫米转膛炮,有效射程4千米,最大射速1000发/分钟,经演示验证,该炮可有效跟踪并摧毁规模为8架的小型无人机蜂群。

土耳其和韩国研制新型舰载近程防空武器。2021年1月,土耳其"甘古利"舰载近程防空系统将配装海军新一代"伊斯坦布尔"级护卫舰;该

系统是"科尔库特"35毫米自行近程防空系统的舰载型,主要用于摧毁战斗机、直升机、无人机,以及亚声速和超声速反舰导弹等空中威胁。2021年5月,韩国海军"近战武器系统"Ⅱ项目正式启动招标工作;6月,韩国LIG Nex1公司和韩华系统公司分别展出样机参与竞标;新系统可能取代现役KDX Ⅰ、KDX Ⅱ、KDX Ⅲ级驱逐舰和1艘"独岛"级两栖攻击舰配装的"守门员"近战武器系统,以及1艘"独岛"级"马罗岛"号两栖攻击舰、FFX-Ⅰ和FFX-Ⅱ级护卫舰配装的"密集阵"近战武器系统。

俄罗斯将生产新一代自行迫击炮。2021年9月,俄罗斯乌拉尔车辆厂表示,最新2S40"福禄考"120毫米轮式自行迫击炮和基于DT-30PM履带式装甲底盘的"木兰"120毫米自行迫击炮的样炮正处于初步试验的最后阶段,生产工作可能分别在2022年末和2023年初启动。"福禄考"迫击炮采用"乌拉尔"-4320 6×6轮式装甲车底盘,可发射破甲弹、破片榴弹、烟雾弹和"捕鲸者"-2M精确制导炮弹;装载28发待发弹,可由护送卡车运送补给弹药。"金雀花"是一种新型82毫米机动迫击炮系统,采用"台风"K-4386型4×4防地雷巡逻车底盘,最大射速12发/分钟,最大射程6000米,最小射程100米,携弹量40发;该炮还可作为直射武器,打击近距离目标。

(中国兵器工业集团第二一〇研究所　齐梦晓　唐睿)

2021年弹箭技术发展综述

2021年,国外在制导控制技术、战斗部技术、增程技术等弹箭主要技术领域继续开展广泛研究,取得多项成果,人工智能、增材制造、先进材料技术的运用,进一步推动弹箭性能提升,助力作战能力发展。

一、推进弹药技术发展,支撑作战装备研制

2021年,国外持续推进弹箭主要技术研究,制导控制系统呈现出小型化、抗干扰特点,战斗部技术向效应可调、低附带毁伤发展,开发推力可调技术并升级加装弹药部件,实现增程。

(一)制导控制系统呈现出小型化、抗干扰特点

美国水星公司采用模块化设计,利用无焊接、高可靠性的针孔型连接器将多个独立制造与测试的电路板层叠组装在一起,满足小型制导弹药的体积限制。法国iXblue公司推出"乌米克斯"小型惯性测量装置,光纤陀螺直径40毫米,高75毫米,重77克,具备可扩展和精度、数据传输速率高的特点,可应用于稳定光电瞄准具、惯性导航系统、导弹制导系统等领

域。MBDA 公司与英国斯旺西大学合作，为小型制导弹药开发紧凑型、低成本、抗干扰的新型卫星导航系统天线，内置扫描、监视与锁定算法，能自主向干扰方向引导置零波束，可用于因体积、重量、成本等原因而无法使用传统抗干扰设备的场景。美国陆军开发"跳频"技术，使武器在受到对手干扰及电磁战手段时，从不同的电磁频率和射频信号中来回切换，确保导弹或制导火箭弹的射频瞄准系统始终保持瞄向、抵近目标的能力。美国陆军研究实验室在 2021 年"开放园区"活动中，研究可替代 GPS 的导航技术与算法，以及快速特征识别与匹配方法，通过新的场景生成技术模拟定位的准确性，支持制导弹药在 GPS 拒止环境下的自主定位能力。美国陆军发布小企业创新研究项目，寻找承包商开发微型芯片储备电池，要求能直接安装在电子器件、传感器等弹药中的耗电部件上，根据要求提供电力。

（二）战斗部技术向效应可调、低附带毁伤发展

美国在 2022 财年国防预算中为"毁伤与效应可调技术"留出资金，计划研究投放多个效应可调战斗部，同时攻击多个目标的技术，并开发调整破片杀伤战斗部破片大小的技术，优化对目标的毁伤效果，降低附带毁伤。美国陆军研究实验室关注可调毁伤技术，开发的新型战斗部将以分布式或协同方式使用，使士兵能够精确摧毁复杂的目标组合，同时降低附带毁伤和后勤负担。美国陆军航空与导弹中心为基型"精确打击导弹"开发战斗部技术，要求战斗部能造成有效的面杀伤，同时也能调节毁伤范围，精确杀伤点目标。英法两国在"复杂武器创新与技术合作计划"2021 年度交流会议上展示多用途战斗部技术，一种战斗部能有效摧毁多种类型目标，包括具备多种毁伤效应的战斗部和毁伤效应可调战斗部。

（三）开发推力可调技术并升级加装弹药部件，提升射程

美国陆军航空与导弹技术委员会在 2021 年第 2 批项目指南中发布"先

进导弹动力系统"项目，为导弹开发推力可调发动机技术，要求新发动机在尺寸、重量、功率、成本等方面与现有导弹发动机相当或更优，同时显著提升导弹的射程和毁伤能力。航空喷气·洛克达因公司测试"作战火力"高超声速武器项目中的固体火箭发动机，演示了推力可调技术。以色列拉斐尔公司增程型"德比"防空导弹换用新型双脉冲固体火箭发动机，射程翻倍，达 40 千米，加装助推火箭发动机后射程可达到 80 千米；增程型"斯拜思"250 制导炸弹在"斯拜思"250 的基础上加装小型涡喷发动机和油箱，采用 JP-8/10 航空燃油，射程超 150 千米。BAE 系统公司对 APKWS 制导航空火箭弹进行升级，优化飞行弹道，射程增加 30%。此外，美国 2022 财年国防预算资助的"远程机动火力技术"项目使未来改进型"精确打击导弹"射程超过 1000 千米。美国陆军 GMLRS 制导火箭弹采用体积更大的固体火箭发动机，试验最大射程达到 135 千米。MBDA 公司为新研"联合火力支援导弹"配装小型助推器/涡轮喷气发动机，最大射程 499 千米。雷声公司研发三级（发射、增速、续航）固体火箭发动机，使"陶"Kilo 型反坦克导弹射程增至 6.6 千米，较"陶"-2B Aero 射程提升近 50%。

二、开发多型新炮弹，弹药向多功能发展

2021 年，美国、英国、法国等研制多型新炮弹，并通过各种途径推动弹药向多功能方向发展。

（一）美欧国家研制多型新炮弹

美国及英、法、德等欧洲国家正在研制多型新炮弹。美国陆军正在为"增程火炮"研制多款新炮弹：① 采用模块化设计的炮弹，可携带破片杀

伤、末敏、子母等多种载荷，设计灵活，易于制造；② 增程型 XM1113 炮弹，借鉴坦克炮弹装药技术，能承受更高膛压；③ "面杀伤炮弹"，取代原有子母弹，用于打击装甲集群目标；④ XM1155 冲压增程炮弹，配装冲压发动机，射程将超过 100 千米，能在 GPS 干扰环境下精确打击移动目标。美国海军陆战队正在评估 155 毫米 "增强杀爆弹"，该炮弹采用新型温压装药（掺入大量金属粉末）和大密度活性材料制成的壳体，威力较现役炮弹大幅提升。法国奈克斯特公司用 155 毫米 "凯撒" 榴弹炮试射 "武士刀" 制导炮弹，验证了其飞行控制能力，该炮弹采用卫星/惯性制导，精度可达 10 米；还利用为 "武士刀" 制导炮弹开发的制导控制技术，研发 "多利内格" 制导炮弹，旨在为主战坦克提供超视距打击能力，射程达 8 千米。英国 BAE 系统公司完成 L12 型 155 毫米增程杀爆弹的发射试验，该炮弹为英国 "机动火力平台" 项目研制，用 52 倍口径榴弹炮发射射程可达 40 千米。法德圣·路易斯研究院发布制导炮弹未来发展规划，计划重点在 4 个技术方向上开展研究：① 炮弹动力学研究，以提升射程、速度、精度和机动能力；② 降低制导炮弹成本，以支持大规模精确打击需求；③ 提升制导炮弹在强对抗环境下的突防能力和抗干扰能力；④ 将制导炮弹纳入网络中心战中。以色列研制 120 毫米 "铁锤" 制导迫击炮弹，采用 GPS + 激光半主动复合制导，能在开阔地带和城市环境中精确打击目标，并降低附带毁伤。

（二）多国推进弹药向多功能方向发展

国外重视弹药向多功能方向发展，体现为：研发新的多用途弹药，具备多目标打击能力；改进现役弹药，增加可打击目标类型；将现有弹药集成于新平台，拓展应用范围。

美国、法国、瑞典持续推进多用途弹药研发。美国陆军在 XM919 "单兵攻击弹药" 项目下研制能打击多种类型目标的轻型一次性单兵火箭筒，取代 M72 轻型反装甲武器、M136 轻型反坦克武器、M141 反掩体弹药。美国陆军皮卡汀尼兵工厂公开中口径多用途弹药专利，除能反人员和反装甲器材外，还增加了曳光和自毁功能。美国陆军在尤马试验场首次测试 XM1147 先进多用途坦克炮弹，共发射 86 枚弹药，演示了在多种情况下打击各种目标的能力。法国奈克斯特弹药公司也在开发类似美国陆军先进多用途坦克炮弹的多用途可编程杀爆弹。瑞典萨伯动力公司完成"制导多用途弹药"全备弹的首次试验，测试了打击双层钢筋混凝土、装甲板、三层砖墙、轻型装甲车辆等静止目标的能力。

美英采用新导引头或引信，改进现役弹箭，增加可打击目标类型。美国空军研究实验室为"杰达姆"制导炸弹安装"武器开放系统架构"低成本导引头和针对舰船目标进行优化的战斗部，可以类似鱼雷攻击方式在水面以下碰炸舰船爆炸，击沉目标，相关技术可用于其他机载弹药，快速形成对水面移动目标的打击能力。BAE 系统公司采用 L3 哈里斯技术公司与技术服务公司联合开发的创新近炸引信技术，使 APKWS 制导航空火箭弹可在不需要直接命中的情况下摧毁无人机，大幅降低反无人机成本。

美德将现有弹药集成于新平台，拓展其应用范围。2021 年，美国空军完成托盘化弹药系统级飞行测试，演示验证了 MC–130J、EC–130SJ 和 C–17A 军用运输机托盘化空投系统大量投放"增程型联合防区外空地导弹"的作战效用。MBDA 公司"硫磺石"机载反坦克导弹配装于德国莱茵金属公司"任务大师"XT 无人车、爱沙尼亚"忒弥斯"无人车，以及通用动力公司"阿瑞斯"装甲人员输送车，用于执行伏击、火力支援、防空压制，打击装甲集群等任务；公司还计划将"强制者"导弹配装于直升机和无人机。

三、巡飞弹发展活跃，应用范围不断拓展

巡飞弹保持活跃发展态势，并将配装于多种平台，执行越来越多样的作战任务。美国海军陆战队提出重点发展两款巡飞弹：一款为单兵便携筒装发射巡飞弹，要求射程20千米；另一款为轻型装甲侦察车发射的车载巡飞弹，要求射程超100千米，用于替代现役120毫米迫击炮，以色列UVision公司计划在"英雄"－120巡飞弹基础上开展研制，并将巡飞弹与海军陆战队的指控系统及其他任务载荷集成，以满足要求。美国海军陆战队还发布信息，寻求具备集群作战能力和自主目标识别与跟踪能力的巡飞弹，集成在车辆和舰船上，打击多种地面和海上目标。美国特种作战司令部寻求可垂直起降的巡飞弹，要求具备"人在回路"控制能力，成本低，精度小于1.5米，能在没有执行任务的情况下回收再使用，将主要用于单兵在近距离作战情况下执行超视距打击任务。俄罗斯海军正在对"立方体"和"柳叶刀"两款巡飞弹进行评估，以配装于部分近海作战的舰船，为海军陆战队登陆作战及在近海地区执行任务的特种部队提供火力支援。

美国陆军为"直升机载无人机"项目广泛征集设计方案，得到多家军工企业的回应，在2021年陆续公布的相关信息包括：雷声公司在"郊狼"Block 3巡飞弹基础上设计的方案，8月完成首次飞行测试；诺斯罗普·格鲁曼公司在以色列"英雄"400EC巡飞弹基础上设计的"英雄"ALE方案；宇航环境公司在"弹簧刀"300巡飞弹基础上设计的方案以及区域1公司的"阿尔提乌斯"600无人机方案等。

各国正在将巡飞弹用于反无人机作战。洛克希德·马丁公司研制出"莫菲乌斯"反无人机巡飞弹，雷声公司利用"郊狼"Block 3巡飞弹演示

打击集群无人机的能力，乌克兰、土耳其、塞尔维亚也在研发反无人机巡飞弹技术。

四、应用人工智能等新兴技术提升弹箭性能

国外在弹箭研制过程中应用人工智能、增材制造、先进材料技术提升弹箭装备性能，加快能力生成。

人工智能技术方面，美国陆军发布"优化火力打击的人工智能"小企业创新研究项目，希望利用人工智能和机器学习技术优化杀伤链各环节的网络和算法，实时地对任务进行快速灵活调整；同时希望利用弹药通过数据链发给火控雷达和火力指挥中心的数据来训练杀伤链各环节的算法。以色列拉斐尔公司增程型"斯拜思"250制导炸弹、"破浪号"远程导弹和MBDA公司"联合火力支援导弹"均采用基于人工智能的自主目标获取和识别算法，提升对特定目标的识别准确度。在波兰WB集团W2MPIR系统中，单个操作员可利用人工智能协议同时操控10枚"战友"巡飞弹，各枚弹药自动保持距离，并从不同方向对80千米范围内的高价值目标进行攻击。

增材制造技术方面，美国2022财年国防预算中，国防部长办公室支持开展的"联合国防部/能源部弹药技术"项目利用增材制造技术降低战斗部对装药量的要求，演示增材制造技术对战斗部威力的提升效果。美国陆军研究实验室正在开展"下一代弹药的增材制造技术"项目，旨在运用增材制造技术来生产定制的弹药，大幅提升射程和毁伤能力，包括开发火箭推进剂、发射药、基于聚合物基含能材料的增材制造技术，开发破片杀伤战斗部金属结构件的增材制造技术，以及电子器件、制导与天线部件的混合增材制造技术。

先进材料技术方面，美国航空与导弹技术委员会发布弹药技术需求，为高超声速导弹的火箭发动机和战斗部开发轻质复合材料、耐高温材料技术，要求在不影响性能的前提下，减少重量和体积；为热防护系统开发先进三维全厚度增强纤维复合材料的制造技术，以提升高超声速飞行系统的性能。美国海军在 2021 年第 1 期小企业创新研究计划中，寻求开发一种具备强度高、介电损耗低、热稳定性好、抗氧化性强的耐高温陶瓷纤维材料，用于导弹和炮弹的天线罩、舵面等部件，以对抗热应力。

（中国兵器工业集团第二一〇研究所　许彩霞）

2021 年陆战无人装备技术发展综述

2021 年，国外继续推进陆战无人装备技术研究，在动力技术、行走技术、通信技术、控制技术等关键领域取得了较大技术进步，开始进行混合动力技术、先进锂电池技术、无线充电技术、仿生行走技术、网络通信技术、有人无人协同、无人装备集群等新技术应用探索研究，进一步提升陆战无人装备战技性能和作战能力，变革未来作战样式，全面支撑未来智能化作战。

一、动力技术领域重点研发混合动力、电池和无线充电技术，提升陆战无人装备机动能力

陆战无人装备动力技术在混合动力技术、电池技术、无线充电技术研发与应用方面取得了较大进展，混合动力技术水平趋于成熟，开始广泛应用于大中型无人装备；电池技术正在不断提升能量密度，广泛应用于微小型无人装备；无线充电技术是新兴研发技术，可为无人装备提供灵活自主的充电能力，具有节省使用成本、可靠性、可编程性、灵活性、通用性等

优势，未来可广泛应用于小型无人装备的便捷充电。

一是混合动力技术。爱沙尼亚 X 型机器人战车采用混合动力技术，该车由米勒姆机器人公司研制，2020 年夏季首次披露，重 12 吨，高 2.2 米，采用高效动力管理系统，提供优越地形通过能力，后置发动机降低了视觉和热信号特征，已完成初始机动性试验，将成为主战坦克与步兵战车的智能伴随无人车，能承担多种危险任务，并降低被摧毁风险，用于支持机械化部队。印度国有 BEML 国防公司与坎普尔理工学院联合研制的新型战术长航时无人机长 2.18 米，翼展 3.5 米，最大起飞质量为 25 千克，由混合动力推进装置提供，可实现静默操作。

二是电池技术，包括锂电池技术和燃料电池技术。美国先锋公司为加拿大 8×8 无人车提供先进锂离子电池。该无人车电池箱能够容纳 5 块电池，可提供 25 千瓦·时电力，采用了先锋公司电池管理系统，允许用户监控电池性能，可作为电池诊断工具检测错误，向用户实时反馈诊断信息，防止平台长时间停机。该电池能量为 5 千瓦·时，可并联使用以提高平台功率输出，特别适用于空间有限的无人车平台，具有防尘、防泥和防水能力，满足耐久性、易维护性和无缝集成组件需求。美国波音公司旗下英西图公司推进无人机氢燃料电池技术发展，2021 年 2 月在华盛顿州立大学氢特性能源研究实验室成功完成了为"扫描鹰"3 小型无人机设计的液氢储罐的首次灌装测试。此次测试包括液氢灌装、压力和蒸汽生成测试，验证了液氢储罐的运行性能指标，有利于后续开展更多飞行测试。该公司采用 3D 打印制造的液氢储罐是工业界首创，有望使"扫描鹰"3 无人机续航时间达到 10 小时以上。

三是无线充电技术。加拿大清晰路径机器人公司与美国威博蒂奇公司联合为其"豺狼"和"哈士奇"无人车研发无线充电组件，在"豺狼"或

"哈士奇"无人车导航至距离充电站数厘米以内,电力就会自动通过无线电波传输(图1)。该组件旨在为无线电源提供整体解决方案,为用户提供全自主电池充电,既可在无人车交付前安装在无人车上,也可方便地改装到现有无人装备上,具有节省使用成本、可靠性、可编程性、灵活性、通用性等优势。

图 1　无人车采用无线充电技术

二、行走技术领域重点研发腿式行走技术,展出武装型"机器狗"四腿机器人

陆战无人装备行走技术重点发展腿式行走技术。美国幽灵机器人公司和宝剑国际公司在 2021 年美国陆军协会年会上展出了联合开发的"机器狗"武装四腿机器人(图2)。该机器人是在幽灵机器人公司的四腿机器人上配装了宝剑国际公司的"专用无人步枪"武器系统,具有稳定的移动能力,在行进间受到外力推动时,每条腿的受力计算速度可达2000次/秒。武器系统位于顶部,口径为6.5毫米,射程1200米,实现了遥控装弹和枪膛清理,前端装有消音器。这种设计可确保在移动传感器失效时,机器人仍

能继续工作。该机器人未来将采用人工智能技术，具备一定的自主能力，能够探测和锁定潜在威胁。

图 2　搭载"专用无人步枪"武器系统的"机器狗"四腿机器人

三、通信技术领域重点研发网络通信技术，为陆战无人装备协同集群化作战奠定基础

联合作战背景下，国外陆战无人装备作为支撑多域作战的重要装备之一，将具备网络通信能力，网络通信是当前通信技术研发重点和未来发展重要方向。

2021 年 5 月，美国陆军工程师在现场测试中评估了提高机器人战车无线电性能的方法，重点测试了下一代战车跨职能小组有人-无人编队的遥控机器人战车的防护通信功能，下一代战车跨职能小组有人-无人编队结合了士兵、有人和无人空中和地面车辆、机器人和传感器，以提高态势感知能力、杀伤力和灵活性。美国陆军作战能力发展司令部 C^5ISR 中心的工程师将无线电安装到车辆上，模拟电子战攻击，评估车辆在城市、开阔地和丛林地形上行驶时的稳定性。

美国陆军作战能力发展司令部正在研发一款"网络覆盖网"应用软件，该网络软件由陆军作战能力发展司令部指挥、控制、通信、计算机、网络、情报、侦察和监视中心与陆军未来司令部下一代战车跨职能团队、陆军项目执行办公室地面作战系统和地面车辆系统中心共同设计，旨在通过当前和未来陆军作战车辆中的机器人装备，支持有人无人协同能力集成，用于协助无人车与先进有人作战平台（陆军可选有人战车）进行协同作战。

美国陆军"士兵－机器人通信"研究也取得重要突破。美国陆军研究实验室正在为机器人开发一种自然语言识别系统，便于移植到任何计算机系统并逐渐适应自然语言的变化。自然语言识别传递方式首先将从输入语言中捕获语言内容基本含义并自动解析为抽象语义表示，然后将其转换并扩大为抽象意义语言，捕获双向人机对话所需的附加元素。下一步工作包括将输出语义表示与系统相连接。该系统是将语义表示的各个部分与环境中实体和机器人的可执行行为联系起来，这样机器人就不再是工具，而更像是士兵的队友，在一起交流和行动。

四、导航技术领域重点研发自主导航技术，提高陆战无人装备抗干扰导航能力

陆战无人装备通信技术重点发展自主导航技术。美国国防后勤局选定机器人研究公司研发自主导航无人车。该无人车使用人工智能与环境建模、安全辅助功能、不依赖 GPS 定位技术，以及激光雷达、摄像机等多种传感器进行导航，能够在极端天气和地形及无 GPS 信号的室内操作，能拖拽载荷 8165 千克，具备攀爬陡峭斜坡和转弯能力，并可在人员和其他车辆周围

安全行驶。2021年7月，根据可扩展、自适应和弹性自主项目，美国陆军研究人员为陆军未来机器人研发了一套新自主软件，用于协助研发独特的算法、技术和方法，以提高自主车辆在复杂环境中的导航能力。该项目在自适应传感器校准、不确定性模型和有效局部规划方面取得了重大突破，研发了算法，较大程度改进了风险意识人工智能感知模型，使其能更有效地处理缺乏足够培训数据的不确定问题。

英国TP集团研制出"北星"先进软件系统。该软件是人工智能导航与路径规划软件，可为单个或多个有人平台和各类无人平台提供安全自主导航能力，以及可靠、动态和风险意识优化的路径规划与防撞功能。该软件将数字世界构建与自主工具箱、机器学习决策支持、基于约束的规划与资源优化相结合，确保自主性和更好的决策，同时将已知信息与实时传感器数据相结合，创建复杂环境动态4D模型。

五、控制技术领域重点研发发展聚焦协同/集群技术，提高陆战无人装备自主化、智能化水平

陆战无人装备控制技术重点发展有人/无人协同技术、人机协同技术、无人集群技术，已实现有人－无人编队作战演习，致力于开展人机协同技术研究，完成空地无人装备集群控制现场实验，推动了无人装备自主化、智能化发展。

一是有人无人/无人协同技术。在"会聚工程－2021"作战实验中，美国陆军利用UH－60"黑鹰"直升机搭载模块化空射无人机协同执行作战任务，远征模块化自主车与无人机协同执行侦察任务。美国陆军发展战术轮式车引导跟随技术，该技术是有人/无人协同控制技术的一种，通过将士兵

驾驶的引导车与 4 辆采用当前技术的无人跟随车以及 9 辆改进型无人跟随车进行电子连接,实现了一种单机器人模式,仅靠 2 名士兵操控 4~9 辆卡车通过高威胁区域。在"西方－2021"演习中,俄罗斯"天王星"－9 和"涅列赫塔"无人战车编配常规部队编队,与有人装备协同执行作战任务。以色列埃尔比特系统公司演示了"托尔"垂直起降小型无人机与"派罗伯特"无人车协同作战能力。

二是人机协同技术。英国陆军重点研究人机协同技术,编制《机器人与自主系统战略》,将人机编队未来 20 年的发展分为 3 个阶段(图 3)。初始阶段从当前到 2025 年,将实现机器人与自主系统使能编队,士兵遥控机器人执行任务,用户工作负荷较重;随着强化学习和人工智能发展,2025—2030/2035 年将出现机器人与自主系统合成编队,士兵分配机器人执行任务,用户工作负荷降低;随着语音通信技术发展,到 2040/2050 年将出现机器人与自主系统监督编队,士兵监督机器人执行任务,用户工作负荷降至最低。2025 年,英国陆军将组建一个编配机器人与自主系统的轻型旅,2030 年将建成一个机器人与自主系统合成打击旅,2035 年将在师级部队广泛应用机器人与自主系统。

三是无人集群技术。美国国防高级研究计划局(DARPA)"进攻性集群使能战术"项目 2021 年 12 月进行了最后现场试验,部署了自主空中与地面无人集群,以测试任务能力(图 4)。该项目设想未来的小型步兵部队使用大规模无人空中/地面机器人编队,在复杂的城市环境中完成各种任务,尤其关注协作群体自主和有人－无人集群编队能力的进步,目标是研发一套"集群战术",使用自主系统可以理解的算法来实现无人集群指挥官的意图。集群系统包括一个可扩展的基于游戏的架构,该架构能够设计、集成集群战术,为士兵与集群系统编队之间的协同提供沉浸式界面,以及一个容纳数百部空中与地面机器人的物理测试平台，以验证新的能力。测试台包括商用现成的小型无人系统（背包大小的无人车以及多旋翼与固定翼无人机）。这些无人系统或称为"集群智能系统"，由集群指挥官分配任务，执行集群战术，以完成最后现场实验的任务场景。

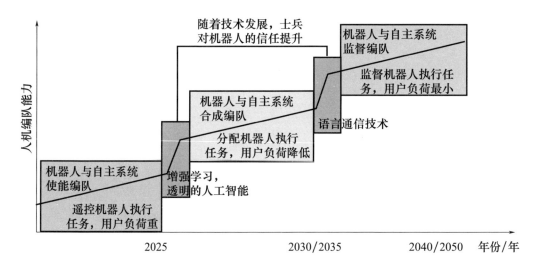

图3　英国陆军人机编队发展路线图

图4　DARPA"进攻性集群使能战术"项目进行最后现场实验

此外，俄罗斯正在研发"闪电"无人机集群，并于 2021 年 2 月展示了该无人机全尺寸模型。"闪电"无人机作战概念与美国"小精灵"无人机相似，既可充当诱饵，也可探测和攻击敌人的敏感设施，对地面固定和机动设施进行精确打击，且具备电子战能力。俄罗斯新型"雷霆"无人机能够控制 10 架"闪电"无人机进行集群侦察和打击，并可以改变无人机集群任务。

(中国兵器工业集团第二一〇研究所 王桂芝)

2021 年陆战反无人技术发展综述

2021 年，在战略报告指引和经费投入加大的背景下，反无人机装备创新发展，装甲车辆通过配装武器站实现反无人机能力，传统拦截弹药通过升级改进提升蜂群无人机应对能力，专用反无人机装备通过多样化机动实现远距离监视和毁伤。

一、战略规划

2021 年，美英等国家通过发布战略报告、设立专业军事院校、加大投资力度、开展跨国协作等方式，助力反无人机行业发展。

（一）发布战略报告，全面布局和构建反无人机能力

1 月，美国国防部发布《反小型无人机系统战略》报告，针对当前及未来小型无人机系统指数级增长对美国本土、海外驻扎/作战/中转的伙伴国和应急行动地点造成的威胁及危害，提出应对战略。战略分析了小型无人机对国家安全环境的影响，明确了反小型无人机的战略目标，提出了强化反小型无人机基础能力、全面构建联合反小型无人机能力、加强国内外合

作等推动反小型无人机能力建设的主要举措，强调开展军种间合作、发展通用/联合解决方案、建设统一的小型无人机威胁数据库、完善作战概念和训练标准等重要理念，对未来美军反小型无人机能力建设提供顶层指导，有可能使反小型无人机从对抗一类威胁目标的作战行动演变为一种新兴的作战样式。

（二）设立院校，教授军队人员如何打败无人机

美国国防部认为，美军在对付无人机威胁方面缺乏制度化训练，因此联合反无人机办公室拟在俄克拉荷马州锡尔堡建立反无人机学院，为每一位联合作战人员提供基本指导，并编纂理论和训练基础程序，以提高对抗无人机的能力。新校舍已开始实施多项举措，以发展分层教育结构，并预计在2024财年初达到初步的运营能力，2025财年达到全面运作能力。

（三）加大投资，促进反无人机装备市场发展

2020年12月，法国reportlinker市场调研机构预测，全球反无人机市场将从2021年的15.7亿美元增长到2031年的64.4亿美元，无人机探测设备、安全解决方案和无人机压制设备的各种组合将促进市场增长。

2021年4月，《韩国时报》报道，因为快速发展的技术带来的安全威胁日益加剧，韩国计划在2025年前投入420亿韩元（3760万美元），开发针对非法无人机的反应系统。同时，韩国科学与信息通信技术部称，23家公司和研究机构组成联合体（包括韩国原子能研究所、韩国航空航天研究所和航空航天与国防公司LIG Nex1），将开发一种能对非法无人机进行定位和压制的响应系统。

（四）开展跨国协作，推进反无人机技术应用

2月，英国布莱特监视系统公司任命美国JGW集团为其美国国内战略合作伙伴，以支持该公司进军美国国防和安全市场。过去3年，布莱特公司作为美国国防部供应商，将 A400 系列雷达作为其反无人机防御系统的一部分，部署至美军事基地。

2 月，澳大利亚无人机盾公司与印度 M2K 技术公司合作，在印市场上分销反无人机解决方案。近年来，澳印防务关系显著加强，两国曾于 2020 年 6 月签署多项防务安排。

3 月，澳大利亚无人机盾公司加入美国国防部多系统之系统联盟和传感器、通信与电子联盟，在反无人机电子战、情报监视侦察与瞄准以及情报分析、利用与分发，以及传感器、通信与电子器件技术和原型项目研究方面发挥作用。

二、发展现状

2021 年，反无人装备呈多样化发展态势，全球已发展出至少 537 型反无人装备，作战功能更加细化，且注重低附带毁伤、定向能、以无人反无人等新装备应用。

（一）定向能反无人机装备列装陆军，双线研发提升功率水平至 300 千瓦

激光武器首次列装美国陆军。根据美国陆军 2022 财年预算文件，美国陆军计划 2022 财年第 3 季度在欧洲部署 1 个"激光型机动近程防空"排，装备 4 套激光型机动近程防空系统。激光型机动近程防空系统由雷声公司研制，在"斯特赖克"装甲车上集成了 50 千瓦激光武器，有 3 名乘员，配用车载雷达、辅助观瞄、光束控制、指挥控制架构。长期以来，美国陆军一直坚信高能激光武器具有简化后勤、灵活应对不同威胁、单次射击成本低等多种作战优势，可成为机动防空武器的有力补充。此次列装将是美国陆

军首次正式列装激光武器系统，将用于击落无人机、旋翼和固定翼飞机，以及应对火箭弹、炮弹和迫击炮弹威胁，遂行野战伴随防空和行进间作战任务，有效提升美国陆军野战防空能力。

发展远距离机载激光拦截技术。3月，以色列国防部启动研究计划，开发远距离陆基与机载激光器以击落无人机，机载激光器将搭载在长航时无人机上。以色列认为，目前作战的反无人机系统可以在无人机接近其指定目标时拦截无人机，但这一能力必须升级，以便在远离目标的地方拦截并摧毁携带爆炸物的无人机。7月，以色列完成机载高功率激光武器系统试验，激光武器采用固体高能激光器，功率100千瓦，作用距离20千米，搭载在"赛斯纳"飞机上，可在900米高空跟踪无人机并用光束对准目标直至将其击败，成功率达100%。

两条技术路线可推动激光功率提升至300千瓦。11月，美国陆军委托通用原子电磁系统－波音公司研究团队演示300千瓦级固体激光系统。该团队的方案采用固体分布式增益高能激光器，采用两个第7代激光头，通过结构改进使单光束实现与光纤激光器相当的光束质量，无须进行光束组合。另一条技术路线是，美国陆军委托动力系统公司研制的"间瞄火力防护能力－高能激光"系统，该系统采用光纤固体激光技术，计划2024财年交付4套原型。

（二）传统拦截弹药实现蜂群应对能力

弹药拦截具有快速反应能力强等特点，与软杀伤装备相比，附带毁伤大、作战成本高，但能快速、直接达成作战目的。2月，俄罗斯南部军区使用"铠甲"－S（北约代号SA－22"灰狗"）自行弹炮结合防空系统击退了模拟的无人机蜂群攻击。5月，以色列在巴以冲突中用"铁穹"系统拦截了从加沙越境进入以色列上空的哈马斯无人机。部署在阵地上的"铁穹"系统的导弹发射单元,内装20枚导弹,假设1枚"塔米尔"拦截导弹拦截1个来袭目标,当来袭目标超过20个时,导弹发射单元即无弹可发(拦截火力中断);如果需要2枚"塔米尔"拦截导弹拦截1个来袭目标,当来袭目标超过10个时,即可导致拦截火力中断。7月,德国披露测试用Mk3 35毫米转膛炮打击无人机群。转膛炮安装在HX2 6×6卡车上,携带252发待发弹,射速为1000发/分钟,可同时攻击4个目标,测试期间向800~900米距离的8架无人机群发射了18发高命中效率与毁伤效能的"阿海德"空爆弹药(采用PMD428战斗部,内含600多发子弹药)。

(三)有人/无人车辆通过加装升级模块具备反无人机能力

2月,俄军陆军特种部队为"虎"-M装甲车配装"阿尔巴雷"-DM反无人机遥控武器站模块,并列装中西部军区。阿联酋为"惹丹"8×8装甲战车集成激光反无人机能力,锁定目标后可快速、精确交战,使无人机失效。3月,爱沙尼亚推出反无人机自主无人车,在"忒弥斯"无人车底盘上集成了"鲨鱼"光电反无人机系统,结合人工智能、机器学习技术,利用雷达、射频探测器、干扰器、激光等传感器和效应器防御无人机。无人车反无人机具有机动性优势,可使部队依据威胁评估重新进行目标定位,也可机动为不同阵地的部队提供预警能力。4月和6月,印度陆军发布信息需求,分别采购350轻型坦克和2030年采购1770辆"未来敏捷战车"中型坦克。轻型坦克除传统武器外,配装反无人机系统和无人机干扰器。中型坦克车将是印度陆军未来40~50年的骨干主战坦克,主副武器均具备摧毁无人机能力,配备的态势感知系统能辅助完成反无人机任务。

(四)关注低附带毁伤和手持拦截技术

1月,美国联合反小型无人机系统办公室发布计划,拟演示低附带损伤拦截器,用于在城市环境、敏感地点或交战规则不允许动能武器使用的情况下应对小型无人机。3月，该办公室发布白皮书，表示对低附带毁伤地基反小型无人机能力感兴趣，要求相应解决方案经济有效、易于集成、技术成熟、方法独特新颖。4月，美国陆军与空军在尤马试验场进行反小型无人机演示，计划在2022财年前为采购和部署挑选初始能力系统，最终目标是调整现有和未来反无人机解决方案，满足作战人员的需求，同时有效应用更多的资源。

5月，美国联合反小型无人机系统办公室发布白皮书，寻求低成本手持式反无人机系统，要求系统可手持或连接到武器或士兵，质量小于10.9千克、单位成本小于3.7万美元。8月，办公室在亚利桑那州尤马试验场演示五种手持反无人机系统，含两种干扰型和三种动能杀伤型。9月，办公室继续评估"无人机枪"MKIII手持式反无人机系统，收集的反馈信息将用于未来几个月技术改进。评估试验涉及了美国陆军为在真实环境中使用真实测试用例、对系统进行基准测试而编写的各种场景。

（五）用无人机反无人遂行侦察、捕获和毁伤任务

无人机在反无人任务中，可进行侦察、网捕、微波毁伤和撞击毁伤。网捕型是无人机向前或向下发射捕捉网将目标捕获，这对三维空中行动技术要求较高。撞击毁伤型仅一次性使用，且与射弹相比会有较大的压制延迟，目前技术难点是蜂群对战能力。

11月，德国在"卫士"反无人机系统中集成"矢量"长航时固定翼无人机，利用无人机扩展情报、监视与侦察能力，数据传输距离达15千米。采用无人机后，反无人机系统能够支持超视距作战、城市和海上环境作战。未来，"卫士"可以集成更大的海上无人机平台，可能包括V–150和V–200旋翼无人机，为舰船和陆上部队提供支持。

8月，俄罗斯披露以四旋翼无人机为核心的"沃克"-18反无人机系统，其无人机配备人工智能驱动的制导和拦截系统，使用时操作人员通过手动或半自动方式将无人机引导至搜索和拦截区域，无人机探测到威胁后会自动转换到搜索和压制程序，通过捕捉网发射器发射 2 米的捕捉网捕获目标。

3 月，美国推出"莫菲乌斯"反无人机巡飞弹，采用筒装发射，配装高功率微波载荷，通过发射高能微波使无人机电子系统内的电压提高数个数量级，予以烧毁。未来，这种巡飞弹将作为多层防空体系的一部分，对集群无人机等目标进行拦截。

4 月，美国陆军特种作战司令部采购数十套"空中狮鹫"反无人机系统，利用该系统中的超高速无人机拦截空中威胁。系统可部署多架无人机应对目标，拦截距离 4.8 千米。以色列针对蜂群无人机研制出"天锁"系统，该系统使用雷达探测，并通过预编程发射 1～20 架无人机（重 960 克，最大飞行距离 4 千米，巡航速度 150～200 千米/小时），瞄准来袭无人机弱点（如螺旋桨和电池）实施攻击。

三、未来趋势

2021 年，无人机通过增加功能种类和数量规模，形成了强大的集群作战效能，军事强国围绕蜂群战术展开了激烈竞争。未来战争中，高空高速、隐身长航时、微型集群式、智能化新概念无人蜂群，将扮演越来越重要的角色。因此，针对无人装备的反制研究也以此为重点。

（一）探测、软硬杀伤装备分线优化，集成、高效解决方案成为发展重点

集群无人目标来袭时，多个目标从各个方向逼近，探测装备需要快速发现跟踪、软硬杀伤装备需要以最优化方式应对，二者依靠指挥控制系统快速联动、迅速反应。因此，在探测、软硬杀伤装备分线优化的同时，能远距离精确探测并集成化综合高效应对多个目标的解决方案成为发展重点。俄罗斯在演习中演示了电子干扰、火力拦截、烟幕掩护综合运用的反无人机新战法，其在研的最新型 ROSC-1 反无人机系统不仅能屏蔽敌无人机信道、发送错误坐标，而且还配备"狼"-18 无人机，可直接摧毁目标。美国联合反小型无人机系统办公室已经提出，未来美军反无人机系统要接入"萨德"防空导弹连的指挥控制系统，实现与现有指挥控制架构的融合。未来，集成、高效的解决方案将成为发展重点。

（二）隐身无人机探测、远距离探测有望成为下一个发展点

未来无人机将具备较强隐身能力，远程突防和战场生存能力大幅提升。例如，美 X-47B 型无人机已完成航母舰载系列测试，其后继型号 MQ-25A 型机具备优异隐身性能，可自主遂行空中加油和侦察、监视等任务；洛克希德·马丁公司的"哨兵"无人机以及波音公司的"幻影射线"无人机均具备隐身能力。因此，大力发展新一代防空雷达等探测手段，提升对隐身目标的探测能力，将是未来反无人机作战的重要前提。

（三）软杀伤装备发挥低附带毁伤优势，重点解决不对外通信的无人装备干扰难题

现有软杀伤系统大多针对无人机的遥控信号进行干扰，对预设程序自主飞行且关闭遥控数据链路的无人机则无能为力。相对而言，无人机飞行过程中不间断地接收 GPS 导航数据具有重大隐患。通过干扰无人机 GPS 导航信号，重新设置坐标和飞行路径，可诱导其在指定地点着陆。

随着基于量子雷达等定位导航授时技术的发展，无人装备甚至能够在无 GPS 信号、无对外通信的情况下使用，这对当前依靠干扰操控链路以及 GPS 信号的软杀伤装备，构成严重挑战，未来将重点解决此类干扰难题。

（四）硬杀伤装备以弹药为主、定向能为辅，无人反无人成为新方向

传统弹药在应对无人机目标方面，成熟度高、体系完备，因此仍是硬杀伤的主流装备。未来，将通过引入人工智能等技术，提升便携性、集成性和经济性。定向能武器成本低、部署灵活、毁伤效果突出，但离实战应用还存在差距，因此除提升自身功率水平外，将与传统火炮、导弹相结合，形成快速响应的反无人机能力。

未来，人工智能技术在无人领域的广泛应用，将继续推动无人装备向自主、智能化方向演变。传统的反无人机技术和相关战法难以满足作战需求，以无人反无人的方式将成为应对无人机威胁的新方向。

（中国兵器工业集团第二一〇研究所　李雅琼）

2021 年陆战装备电子信息技术发展综述

2021 年，美国等世界主要大国和强国继续发展更先进的电子信息技术，并积极列装新装备，加快现有装备的升级改造。美俄等国进一步增强网络空间与电子战能力，进一步明确未来的作战需求；美国陆军继续推动战术网络的现代化，有步骤有计划地推进通信与网络技术的升级；美国陆军研究通用的数据结构和数据管理策略，期望实现基于云的数据管理和现代化服务；美英等国继续推动人工智能技术的发展，并积极探索其在陆战领域的应用。

一、美俄继续提升陆军网络空间与电子战能力

美俄等国陆军继续提升其网络空间与电子战能力，以满足未来与同级别对手的作战能力。美国陆军发布了《陆军未来司令部概念：网络空间与电磁作战 2028》，阐述了遂行和整合网络空间与电磁作战的相关应用和理念，进一步明确了未来电子战所需的能力需求。此外，俄罗斯等也在研发更可靠的电子战能力。

美国陆军发布《陆军未来司令部概念：网络空间与电磁作战 2028》。2021 年 6 月，美国陆军发布《陆军未来司令部概念：网络空间与电磁作战 2028》，明确了网络空间与电磁作战是指通过网络空间和电磁频谱（或在网络空间和电磁频谱中）实现作战目标，阐述了遂行和整合网络空间与电磁作战的相关应用和理念。美国陆军面向多域作战的网络 – 电磁一体战提出了三方面解决方案：一是整合的网络空间与电磁作战能力；二是组建可扩展的网络空间与电磁作战编队；三是打造网络空间基础设施。通过协调和应用各作战域独特的能力，跨时间、空间聚合所有作战能力和信息相关能力，为创造优势时机窗口提供使能性支撑，实现在所有作战域和信息空间中行动自由，进而支持多域作战。

美国陆军明确未来电子战需要具备的 6 种能力。2021 年 8 月，美国陆军电子战能力主管提出确立电子战优势需要具备以下 6 种能力：①在武器系统最大射程内探测、识别和定位目标；②与目标远程交战；③与合作伙伴共享更多数据；④能够为任务挑选最佳的"射手"；⑤从大量信号中选择有用的数据；⑥清楚了解自身在电磁频谱领域中的兵力。

美国陆军期望继续改进电子战规划与管理工具。2020 年 11 月，美国陆军提出了针对电子战规划与管理工具的改进需求：①电子战任务规划，并提供能用于识别特定信号的数据；②电子战效能评估，确定交战区域内己方可能被敌军利用的弱点，提供电磁攻击的毁伤评估；③对多功能电子战系统等装备重新编配；④提供电子战警报，以警告即将发生的威胁或攻击；⑤支持来自电子战系统的瞄准过程；⑥提供电磁频谱管理信息。

综合动向分析

二、美国陆军积极推动战术网络现代化，积极发展和测试联合指挥控制能力

美国陆军针对多域作战需求，提出了"决策优势"的概念，期望通过"速度、射程和融合"的综合更好更快地决策，获取战争的胜利。此外，美国陆军进一步明确了未来战术网络现代化和指挥控制能力建设的目标，以更有效地支持部队的行动。

美国陆军将决策优势视为获胜关键。2021年3月，陆军高层提出了"决策优势"的概念，并将其视为陆军战胜对手的关键。决策优势是指指挥官能够比任何对手更快、更有效地感知、理解、决定、行动和评估的能力。实现决策优势的关键是"速度、射程和融合"。"速度"不仅是指直升机等武器装备的物理速度，还包括基于人工智能的认知速度，后者可以帮助指挥官更快、更明智地做出决策；"射程"包括利用更远程的武器覆盖对手；"融合"是指在一个共同的数据共享网络上连接不同的陆军甚至非陆军系统，同时也包括不同的机构聚集在一起。陆军期望通过决策优势在未来的战场上在战术、战役和战略层面获得显著的优势，完善和落实联合作战、联合全域指挥与控制等概念。

美国陆军发布《统一网络计划》。2021年10月，美国陆军发布《统一网络计划》，概述五大工作发展框架以及具体目标：一是建立统一网络以实现多域作战；二是为部队提供战场态势；三是安全与生存能力；四是改革流程与政策；五是网络维护。该计划实施分为3个阶段。近期（2021—2024年）：开始建立统一网络，创建标准化综合安全架构。这一阶段工作已开始，包括战术网络现代化；基于零信任的标准化安全体系架构；向云基

础设施迁移等。中期（2025—2027年）：重点是运营统一网络，将从战术和企业网络能力的融合开始。其他工作包括完成国防部信息网络作战模式，以实现网络防御；建立加速人工智能和机器学习的混合云。远期（2027—2028年及以后）：主要涉及持续现代化工作。

美国陆军确定综合战术网"能力集合2023"主要工作。2020年11月，美国陆军明确了综合战术网"能力集合2023"阶段将要试验的技术。美国陆军以2年为周期推动"综合战术网"的升级，"能力集合2023"是第二个迭代阶段。"能力集合2023"的工作重点是提高"斯特赖克"机动部队的行动能力，其手段包括将蜂窝4G与其他通信网络集成起来，并对老式系统进行升级使其能够在安全但非保密的架构上运行。

美国陆军发布《陆军未来司令部概念：指挥控制2028》。2021年7月，美国陆军发布《陆军未来司令部概念：指挥控制2028》，旨在未来作战中实现决策优势。未来陆军指挥控制系统包含人、流程、通信网络和指挥所星座四大部分：①人是未来指挥控制系统的核心；②将执行决策的总框架称为作战流程，作战流程必须在联合、盟友间以及全政府层面形成更强有力的通力协作；③建立统一、受保护、有韧性的通信网络；④将所有指挥节点连接至通信网络，在通用、标准化、安全的数据支持下相互联系，凝聚成紧密协作的指挥所星座。该概念作为多域作战职能概念，确定了未来在复杂、高竞争性、致命性和极度活跃的作战环境中遂行多域作战以对抗实力对等的对手所必需的指控能力和通用框架，驱动未来部队设计和发展。

三、美国陆军关注通用数据结构，推动云计算能力战术应用

美国陆军正在牵头研究通用数据结构，打造通用的数据管理平台，期

望实现基于云的数据管理和现代化服务,以更好地实现跨军种、跨部门之间数据的传输和共享,更有效地协同作战。

美国陆军研究数据管理平台和通用数据结构。2021 年 4 月,美国陆军总体云管理局寻求一套标准化、安全、可信、灵活和有弹性的数据管理服务和数据平台,以满足所有数据领域共同的数据管理需求。该平台将提供一种公共服务,可以存储、标记、编目数据,并为高级分析、人工智能/机器学习、可视化和数据增强等活动做好准备,还将提供跨不同的保密等级和联合网络的"通用数据结构",并与陆军总体云相连。美国陆军期望这个通用数据结构能够快速确定大容量、不同格式的原始数据中最相关的信息,然后以标准格式高效传输这些数据,以便及时做出决定,而无需在收到数据后进行额外的数据分析或复杂的数据集成。这将使指挥官能够快速明了地"感知、决策和行动"。陆军 C^5ISR 中心负责的一个科技项目正在开发名为"雨师"的网格数据结构应用,其核心是在陆军传感器和平台之间实现通用的数据结构集成和数据传输。2021 年 8 月前后,美国陆军在指挥所计算环境平台上评估了"雨师"利用人工智能进行数据组网和管理的能力。

美国陆军推动云计算能力的战术应用。2021 年,美国陆军积极探索可将云计算能力下放到前线部队的可能解决方案,提升低层次部队的作战能力。陆军正在探索将传统的任务平台和其他支持平台转换为基于云的通用操作环境。对陆军来说,美国陆军重点开展以下 2 个方面的工作:①确定边缘节点预先设定的数据类型;②确定访问数据的速度。

四、美英等推进人工智能技术发展,探索其在陆战领域的应用

美国、英国等继续推动人工智能技术的发展,其中美国确定了未来 5 年人工智能技术研究和应用的方向和重点。此外，美国、英国和以色列都成功测试了人工智能在陆战领域的应用。

美国陆军确定未来5年人工智能研究与应用领域重点关注的11个领域。2021年8月，美国陆军未来司令部发布需求公告，概述未来5年关注的11个人工智能研究与应用领域：自主平台；人工智能和机器学习算法；基于人工智能的决策；分析与人机界面；数据可视化和合成环境；可靠的定位、导航与授时；战场感知；通信与网络；物联网；人效增强；基础方法论。陆军期望利用人工智能技术使车辆与陆航平台能在城市等复杂环境中自主作战，增强指挥官战场决策能力，降低官兵认知负担，提升态势感知和目标探测能力，实现可靠的定位导航授时与安全可靠通信，增强士兵作战效能。

美国陆军在多个作战场景中试验运用人工智能技术提升作战效能。2021年10月至11月，"会聚工程-2021"作战实验期间，美国陆军在多个作战场景中试验运用人工智能技术提升作战效能，包括：在联合全域态势感知场景中运用"普罗米修斯"等人工智能情报分析处理系统融合多作战域侦察单元数据，辅助生成通用作战态势图；在联合火力打击场景中，运用"火力风暴""同步高作战节奏弹目匹配"等人工智能辅助决策系统，生成联合火力打击方案；在半自主保障补给场景中，运用可自主跟随前方车辆行驶的无人车运送物资；在地面突击作战场景中，运用坦克、装甲车辆搭载的人工智能辅助威胁感知与自主瞄准系统，及时感知、识别威胁，并自主控制炮塔转向、瞄准目标、选择合适的弹药，辅助车长实施决策。

英国陆军在作战中首次使用人工智能。2021年7月7日，英国陆军宣布，英国陆军第20装甲步兵旅在"春季风暴"演习期间使用了人工智能分析环境和地形，这是英国陆军首次在作战中使用人工智能。演习中，人工智能引擎使用自动化和分析手段快速评估大量数据，然后英国陆军将这些数据用于规划支持和加强指挥控制过程。英国陆军表示，人工智能节省了大量时间和精力，并提供了即时规划支持。

以色列首次在实战中运用人工智能系统辅助决策系统。2021年5月，以色列在对哈马斯的作战过程中首次运用了其情报部门开发的多种人工智能系统辅助决策系统，包括："炼金术士"系统，能提醒战场上的部队注意敌方可能发动的袭击；"福音"系统，能协助军事情报部门分析数据，提供建议，帮助制订战略计划，确定打击目标，辅助军队对敌方进行打击；"智慧深度"系统，能精确绘制出加沙地下哈马斯的隧道网络地形图，并根据卫星实时侦测的战场地形变化信息分析出哈马斯火箭炮阵地位置。

（中国兵器工业集团第二一〇研究所　王昌强）

2021 年火炸药技术发展综述

2021 年，火炸药技术发展主要体现在 4 个方面：一是采用增材制造、超临界二氧化碳反溶剂等新型制备工艺降低炸药感度；二是开发出适于规模化放大的含能材料安全绿色制备工艺；三是机器学习、数值模拟等拓展用于含能材料优选与性能预测；四是单质炸药造粒技术及粒子成像技术步入可行性验证阶段。

一、采用增材制造、超临界二氧化碳反溶剂等新型制备工艺降低炸药感度

在保持炸药能量不降低的前提下，降低炸药感度，既能按需起爆，又不会发生意外起爆，是炸药研究中长期存在的挑战之一。2021 年，美国、俄罗斯等国积极采用增材制造、超临界二氧化碳反溶剂等新型制备工艺降低奥克托今等炸药的感度；意大利则通过换装本土生产的 IMX – 104 不敏感熔铸炸药，提高 155 毫米大口径弹药的不敏感性能。

美国洛斯·阿拉莫斯国家实验室提出，采用增材制造技术在炸药中引

入孔洞,不仅可以降低炸药感度,还可通过调整孔洞的位置控制能量释放,包括爆轰方向、爆轰时间等;俄罗斯利用超临界二氧化碳反溶剂技术对奥克托今进行聚合物包覆改性,使奥克托今撞击感度由7焦降为51焦、摩擦感度由150牛降为240牛,降感效果明显,且流动性显著提高;德国莱茵金属防务意大利公司采取换装 IMX-104 炸药、可移除式 PBXN-9 传爆药、可熔塑料引信提螺替代钢提螺的途径提升 155 毫米 DM111 榴弹的不敏感性能,所有测试爆炸序列均成功引爆,虽破片飞行速度略低于 B 炸药,但毁伤效能基本相当,不敏感性能显著改善。

二、开发出适于规模化放大的含能材料安全绿色制备工艺

2021年,美国、德国等国积极开发适于规模化放大的含能材料安全绿色制备工艺,包括纳秒脉冲等离子体技术、固相"捕获和释放"技术、半间歇反应结晶法等。此外,美国新启动 CL-20 前体苄胺生物合成路线、BAMO-AMMO 含能黏合剂安全低成本生产工艺研发项目,借助英国曼彻斯特大学、美国创新性强小企业的力量,加快含能材料安全绿色制备新工艺的开发与应用。

美国采用纳秒脉冲等离子体处理液氮的方法制备了聚合氮,聚合氮作为新一代超高能绿色含能化合物一直备受关注。此方法是在工业液氮中导入20千伏振幅脉冲并处理30分钟,采用较大孔径(>5纳米)吸附剂,可以较好回收得到无定形聚合氮。制备的无定形聚合氮可在标准大气压、−150℃下稳定存在,能量密度约为 13.3 ± 3.5 千焦/克,与常规高压方法制得的聚合氮相当(11.3千焦/克)。该制备方法具有工艺条件温和、产物稳

定性好特点；硝基四唑钠是制备 5-硝基四唑亚铜（DBX-1）的关键中间体，其生产安全问题阻碍了硝基四唑钠的规模化生产。美国纳拉斯技术服务有限公司开发了一种在连续搅拌反应罐中运用固相"捕获和释放"技术生产硝基四唑钠的安全生产工艺，该工艺减少了抑制 DBX-1 合成的副产物杂质的形成，提高了生产安全性和产率，且在生产过程中可实现有效控制 pH 值，实现硝基四唑钠的规模化生产；德国利用半间歇反应结晶（SBRC）法制备了高质量 CL-20/HMX 共晶体，并实现了规模化。通过利用固体定量给料和工艺分析技术，首次实现批产量为 120 克，CL-20 利用率为 63%，该利用率是蒸发结晶法 CL-20 理论利用率的 2 倍。CL-20/HMX 共晶体的粒径为 163 微米，晶体品质与受控反溶剂结晶法制得的共晶体相当。

美国国防部联合英国曼彻斯特大学启动 CL-20 前体苄胺生物合成路线研究项目，旨在开发一种可持续的苄胺生物合成路线，以优化 CL-20 低成本绿色合成路线，减轻环境负担。利用广泛应用的盐单胞菌等工业菌株实现苄胺的生物合成，可以使用废弃的、可再生的碳源和未消毒的海水或废水，消除有毒试剂，降低生产成本，满足 CL-20 的应用要求。研究人员将与美国海军空战中心武器分部合作，利用生物合成苄胺来生产 CL-20；美国陆军计划开发 3,3-二叠氮甲基氧丁环/3-叠氮甲基-3-甲基氧丁环共聚物（BAMO-AMMO）含能黏合剂的安全低成本生产工艺，实现该含能黏合剂的商业化生产，提高产能、降低成本，并计划新制备的 BAMO-AMMO 含能聚合物及其相应的发射药、固体推进剂应用于多种军用弹药。

三、机器学习、数值模拟等拓展于含能材料优选与性能预测

机器学习与数值模拟是基于现代计算技术和含能材料大数据建立的研究材料特征与性能的技术方法，通过建立结构与性能关系模型，利用机器学习、数值模拟等方法，可筛选新型含能材料、优选合成路线、预测含能材料燃速等性能，有利于推动含能材料的设计优选与性能预测，提高含能材料研发效率、缩短研发周期、提高安全性。

含能材料优选方面，韩国利用机器学习技术在化学反应大数据基础上提出了用于预测最优合成路径的人工智能系统。此系统可以生成满足给定约束条件的最佳合成路径，并通过合成路径的可行性及反合成预测评分进行路径的搜索筛选。

性能预测方面，美国海军空战中心采用三层神经网络模型，利用加权函数叠加输入信息的方式进行运算后得到推进剂燃速。通过机器学习优化建立了展开、感知（神经元）、缩放的三层网络模型，通过输入颗粒尺寸、压力、金属粉末含量等 11 个相关因素的特征值，加权处理后准确预测出推进剂的燃速；美国普渡大学和海军水面作战中心联合开展了层状高氯酸铵基复合固体推进剂性能模拟研究，利用 RocFire 燃烧代码研究薄层推进剂的燃烧性能，探索了多种不同结构的层状推进剂。RocFire 燃烧代码能模拟非均质材料的爆燃，采用 RocPack 随机封装算法，模拟高氯酸铵颗粒在真实推进剂中的随机分布，结果表明固体组分质量百分含量为 75% 的高氯酸铵/端羟基聚丁二烯层状推进剂，配方组分的略微变化，会显著影响其在 10.34 兆帕下的燃速曲线。若实现对层状推进剂燃烧性能模拟结果验证可普遍运用数值模拟算法模拟系列新设计的层状推进剂的性能，大幅减少验证试验的

次数，进而实现用层状推进剂和功能梯度药柱来控制固体火箭发动机的燃烧特性。

四、单质炸药造粒技术及粒子成像技术进行了可行性验证

为满足新型细颗粒炸药的需求，需要开发并评估制备时间短、工艺简单、成本低且安全性高的新型单质炸药颗粒制备技术和粒子分析技术。美国开展了 7 项造粒技术可行性的验证，分别是 IKA Ⓡ 研磨技术、流能磨技术、溶剂破碎沉淀技术、溶剂/反溶剂喷雾雾化技术、超声探针技术、实验室共振声混合技术和考尔斯（Cowles）研磨技术，粒子成像分析技术可广泛应用于炸药配方颗粒和成分的分析。

IKA Ⓡ 研磨技术属于柔性低成本高剪切湿法造粒技术，可显著提高细粒黑索今、奥克托今等单质炸药的制备安全性，中试规模造粒机的产能为 500 升/小时。美国陆军分别采用 IKA Ⓡ 研磨技术和常规研磨泵造粒技术制备了 5 级 HMX，制备时间缩短 90%，颗粒尺寸、形态与常规研磨泵造粒技术相当，浆料浓度、功率和再循环时间可以根据需要进行调整；流能磨技术是霍尔斯顿陆军弹药厂相对成熟的单质炸药造粒技术，制得的颗粒粒径、形态与常规研磨泵造粒技术相当，但颗粒更加细小，是可行的替代方案；溶剂破碎沉淀技术制备的奥克托今颗粒略大，缺形态不均匀，利用该技术进行大规模生产颗粒粒径的能力还有待提高；溶剂/反溶剂喷雾雾化技术制备的奥克托今颗粒粒径和形态与传统技术相当，是可行的替代方案，但规模化制备的工艺稳定性有待提高，且大规模制备时需要回收大量的溶剂；超声探针技术可与溶剂/反溶剂技术结合，制备的奥克托今颗粒尺寸较大，需要进一步调整粒径控制的工艺参数和探针参数；共振声混合技术评估表

明该技术不适合替代常规研磨泵造粒技术,未来将评估将此技术与溶剂/反溶剂技术结合制备单质炸药颗粒的可行性。

粒子成像分析技术可用于单质炸药和炸药配方造粒工艺流程中的在线监测,成像分析结果与筛分法高度一致,具有其他传统方法所无法比拟的区分不同粒子形状差异的能力,具有方法快捷高效、手动操作少及易于清理等优点。

(中国兵器工业集团第二一〇研究所 范夕萍 王林)

ZHONGYAO
ZHUANTI FENXI

重要专题分析

美国陆军发布战略文件规划多域转型

2021年3月,美国陆军发布《陆军多域转型:为赢得竞争和冲突备战》文件(公开版)。文件阐述了陆军必须进行多域转型的原因和方式,以及多域作战部队在竞争、危机响应和冲突中的作用与面临的问题,提出陆军将以提高核心竞争力、发展多域作战部队为目标实施多域转型。这标志着继2018年发布《美国陆军多域作战2028》文件之后,陆军多域作战概念得到了进一步发展。

一、发布背景

2018年以来,美国陆军相继发布《美国陆军多域作战2028》《陆军战略》《陆军现代化战略》等文件,以对抗和打赢中俄等大国竞争对手为主要目标,积极发展六大项目群,开展陆军兵力结构调整,推进多域特遣部队建设,发展多域作战能力。美国陆军认为,对手部队的质量和数量都在快速提升,如果不进行转型,陆军就会面临失去国际威慑力、无法维护国家利益的风险。为此,陆军迫切需要转型,到2035年建成多域作战部队,并牵引联合作战样式转型。

二、主要内容

文件继续渲染中俄能力发展使美军面临更多威胁，提出要在竞争、危机响应和冲突中实施多域作战，实现多域转型。

（一）持续渲染中俄非对称能力对美军构成威胁

该文件指出，中俄持续挑战国际秩序，通过发展全新的非对称作战能力削弱美国优势，企图取代美国在全球的地位，破坏美国及其盟友和伙伴的集体利益。人工智能、材料科学和生物技术等颠覆性技术的发展，促使中俄正持续整合新兴军事能力，使美军联合部队面临竞争失败、分裂和瓦解的风险。其中，中国是最持久的战略挑战，正努力扩大其全球影响力，发展"反介入/区域拒止"能力，最有可能在2040年前拥有与美军联合部队相当的军事实力。

（二）首次提出要在危机响应中实施多域作战

《美国陆军多域作战2028》文件将美国与主要对手的对抗分为3个层次：竞争、武装冲突和巩固战果。新版文件则将其调整为竞争、危机响应和冲突，并指出危机是竞争和冲突的过渡，通常也是导火索。在危机中，陆军通过"多域战区警戒部队"实施持续监视与侦察，使联合部队指挥官在第一时间感知对手在所有域的行动，并在对手试图以武力实现目标前瓦解其攻击，同时威慑对手利益，在有利条件下将危机降级为竞争。当威慑等响应手段无法抑制危机时，多域陆军将通过远程火力、防护、网络、电子战及其他能力的灵活搭配来实现联合机动，将危机快速升级为冲突。

(三) 瞄准 2035 年建成多域陆军，实现多域转型

陆军的目标是 2035 年建成多域陆军需要的能力和编队。通过改革现有部队的人员、训练、装备和组织方式，美国陆军的作战方式、作战工具以及作战人员都将发生变化。陆军将运用创新方法动态地调整部队、装备和人员，积极扩展进攻与防御范围，利用后勤力量的快速机动为联合部队提供支撑。作战工具包括致命和非致命跨域纵深打击能力、防护、网络、电子战及其他能力等，装备建设重点仍然是远程精确火力、下一代战车、未来垂直起降飞行器、陆军网络、一体化防空反导、士兵杀伤力六大项目群，关注的技术领域包括颠覆性含能材料、射频电子材料、量子研究、高超声速技术、人工智能、自主协同、合成生物学、材料计算设计和增材制造等。

(四) 发展各梯次多域编队，实现联合效应

部队编制编成的转型将从发展各级多域能力编队开始。未来的战斗将依赖于更高水平的联合和全球一体化，以及与盟友和合作伙伴的互用性，陆军必须能够无缝、快速地集成到联合作战中。为此，陆军已经开始将军和师、安全部队支援旅和多域特遣部队整合到战区作战司令部。

军和师将是多域作战总部，能够整合联合火力、情报和机动。安全部队支援旅（已成立 6 支）作为专门部队，可为伙伴国陆军提供训练、帮助和建议，推进美国与全球的关系。多域特遣部队计划组建 5 支：2 支配属印太地区；1 支配属欧洲；1 支位于北极地区，面向多重威胁；最后 1 支面向全球响应。每支多域特遣部队都会被指派或者配属到一个作战司令部进行建设、训练，并在作战指挥官的要求范围内进行灵活机动。

(五) 内外力量结合，应对均势对手威胁

该文件指出，内部和外部力量的结合将使美国陆军有效应对具有全球影响力和陆基远征能力、技术水平相当但数量上有优势的均势对手。内部

力量是指"深入敌后部队",即分散部署、效费比高、持久力和生存力强的地面编队,能够深入对手"反介入/区域拒止"打击范围实施机动、掩护、隐蔽或欺骗行动,在威胁和战区下生存,破坏对手的区域拒止战略;在大规模作战行动中,这些低信号特征部队将取代静态的、高信号特征警戒部队。外部力量是指战略水平和战区水平的"外线部队",由地区部队、全球远征军、突击部队以及国土防御部队组成,任务包括区域控制、巩固战果和保护战略支援区,确保全球范围内的关键地区、战略要塞、通信线路安全。

在行动中,"深入敌后部队"将进行持续跨域机动,以进行侧翼攻击和战场迂回;"外线部队"从侧翼形成对敌方的战略威慑或利益威胁。分布在前沿阵地的陆军部队将在战区内进行打击和突袭,以建立行动走廊。

三、几点认识

(一) 多域作战概念将不断迭代完善

在多域作战概念的开发和演进方面,美军通过全面的兵棋推演和迭代分析来开发、试验和验证多域作战概念。随着联合作战环境在作战域和地理位置上的扩展,美国陆军正以中俄为重要对手,从地理(全球)、时间(2028—2035年甚至更久)、战略(跨越竞争、危机和冲突)和制度(国防部机构投资和决策过程)四个方面,对现有作战场景进行改进。通过从作战概念中获取信息,并反过来影响这些概念,多域作战概念将在迭代中不断更新完善。

(二) 多域作战与联合作战将相互影响

美国陆军在发展多域作战概念时不仅注重概念与能力的共同发展,更重视与联合作战概念保持一致。为此，美国陆军开展了联合全域指挥与控制计划项目，目的是使作战系统能够在情报、作战行动和火力之间进行自主融合，并通过"会聚工程"，发展联合全域指挥与控制系统。多域作战是陆军对联合全域作战的贡献，将为联合参谋部新版《联合作战概念》提供参考。这意味着多域陆军或将在一定程度上牵引联合作战样式转型。

（三）印太力量转型将对我构成实质性威胁

美国将中国看作最持久的战略挑战，这是"大国竞争"战略的延续，将促使美国陆军持续强化其在印太地区的部署。例如，第1多域特遣部队为试验性部队，战备部队总部位于华盛顿州刘易斯－麦科德联合基地，配属太平洋陆军，目前其地面力量已开始转型，要求能够打击所有作战域内的战役甚至战略目标。第1多域特遣部队将首先部署于第一岛链，并与区域伙伴合作，综合利用反舰导弹、防空系统和地地导弹等装备，加强威慑能力。

（中国兵器工业集团第二一〇研究所　齐梦晓）

美国国防部《反小型无人机系统战略》分析

2021年1月,美国国防部发布《反小型无人机系统战略》(以下简称《战略》)。这是继2020年4月发布《反无人机战略》后,美国国防部再次针对无人机威胁制定的应对战略。《战略》分析了小型无人机对国家安全环境的影响,明确了反小型无人机的战略目标,提出了加强反小型无人机能力建设的主要举措,是一份指导未来美军反小型无人机能力建设的顶层指导文件,凸显美军对小型无人机威胁的高度重视。

一、发布背景

美军根据无人机的重量、飞行高度和速度3项指标,将无人机系统分为5个等级。小型无人机系统,是指质量不超过600千克、飞行高度不超过5.5千米的无人机(系统),对应标准分类的第1~3级小型无人机(表1)。这类无人机是当前装备型号、数量和国家最多,运用最广泛,技术发展最快,威胁最大的无人机。

表 1　无人机系统等级划分

无人机等级	最大起飞质量/千克	正常飞行高度/千米	速度/（千米/小时）
1 级	0～9	<0.36（距地面高度）	<185
2 级	9.5～25	<1.2（距地面高度）	<460
3 级	<600	<5.5（海平面）	<460
4 级	>600	<5.5（海平面）	任意速度
5 级	>600	>5.5（海平面）	任意速度

（一）小型无人机对国家安全的威胁不断加大

由于当前世界各国对小型无人机的研制、生产、销售、使用等监管不完善，造成目前小型无人机的发展呈泛滥之势。近年来，一些非政府组织越来越多地使用各类军用和民用小型无人机破坏重要设施、实施恐怖袭击。

（二）小型无人机使战场环境更加复杂

小型无人机由于体积小、飞行高度低、易于使用、隐蔽性好、成本低，可执行侦察监视、通信中继、火力打击、目标指示等多种任务，在未来战场上呈现出"无所不在，无所不能"的趋势，尤其是无人机蜂群的使用，有可能带来作战模式的彻底变革。美国代理国防部长米勒在《战略》中指出，"小型无人机将使联合部队面临前所未有的复杂挑战"。

（三）主要对手国家大力发展小型无人机

《战略》文件指出，中、俄等国家正在大力发展小型无人机。中国是全球商业和消费类小型无人机的主要生产国，拥有70%的市场份额，其小型无人机系统的能力和影响将持续扩大。俄罗斯正在通过改进其侦察－火力综合设施和部署侦察/攻击无人机，使小型无人机成为其未来作战能力的重要组成部分。美军认为，即使不爆发战争，美国及其海外军事基地也可能遭遇先进小型无人机的威胁。

二、主要内容

《战略》阐述了美军反小型无人机面临的环境，明确了美军反小型无人机的战略目标，从加强反小型无人机基础能力、全面构建联合反小型无人机能力、强化国内外合作等方面提出了具体措施。

（一）分析反小型无人机作战面临三种环境

《战略》指出，美国反小型无人机主要面临三种环境。一是美国本土。美国在本土实施反小型无人机作战面临的主要问题是：小型无人机空域管理制度不完善，现行法律法规难以跟上小型无人机技术的快速发展；国防部反小型无人机的主要手段是射频干扰、激光和微波毁伤等，会影响周边民用设施，使用时需与其他联邦机构协调，行动受限。二是海外驻地。美国海外驻军必须面对小型无人机威胁不断增加的现实，但在海外实施反小型无人机作战也会受到当地法规和制度限制。三是突发地点。在突发地点实施反小型无人机作战通常限制最小，但战场环境瞬息万变，风险也最高，小型无人机可能会执行情报监视侦察和打击军事目标等任务，也可能随时调整战术，执行网络战、电磁战等任务。

（二）明确反小型无人机战略目标

美军反小型无人机战略的目标是：通过创新和协作加强联合部队，保护美国在本土、海外驻地和突发地点的人员、资产和设施；开发装备和非装备解决方案，保障国防部任务的安全执行，阻止对手利用小型无人机阻碍我目标实现；建立和扩大与盟国、伙伴国的关系，保护美国在海内外的利益。

（三）加强反小型无人机基础能力建设

一是建立小型无人机威胁评估机制。将反小型无人机需求确定为国防情报机构的优先事项，通过与更广泛的情报机构合作，为国防部提供及时、准确的小型无人机威胁评估。

二是加速发展反小型无人机技术。国防部在威胁评估机制的指导下，根据威胁程度、脆弱性和后果，确定三类作战环境可承受的风险级别。同时，加速发展可在本土、海外驻地可靠使用的小型无人机探测、跟踪和识别技术。

三是开发通用信息共享体系架构。开发采用标准化接口、可在三类作战环境中使用的通用系统架构，将反小型无人机系统将从以前应对单一威胁的个性化系统，转变为能灵活应对多种威胁的通用系统，实现互操作、即插即用、信息共享。此外，还将开发小型无人机威胁数据体系架构，提高应对小型无人机紧急威胁的敏捷性和响应能力。

四是制定统一的试验鉴定协议、标准和方法。国防部将利用威胁评估数据库，制定试验标准，评估反小型无人机系统在相关条件和环境中的能力，确保这些系统能集成到分层防御体系中。

（四）全面构建联合反小型无人机能力

一是从条令、组织、训练、装备、领导、教育、人员、设施和政策等方面全面推进联合反小型无人机能力建设。国防部将根据联合需求文件，从条令、组织、训练、装备、领导、教育、人员、设施和政策等方面，同步开展反小型无人机能力建设。利用太空、空中、海上、陆地、网络和电磁能力，开发可在各作战域使用的反小型无人机系统，为联合指挥官提供更多的主动和被动反击手段。

二是制定作战概念和条令。开发反小型无人机联合作战概念，用于平时和战时在三类作战环境中实施反小型无人机作战，确定在和平时期控制其附带毁伤的方法。同时，通过与防空、部队防御、空域管制行动的协同，提高美军机动自由和对应急地点空域的控制能力。

三是制定联合训练标准。训练是战备的基石，国防部将结合军事训练能力和联合作战训练基础设施战略，制定反小型无人机训练指南和认证标准，完善现有训练内容，在部队开展全员反小型无人机意识培训。

（五）加强内外协作与信息共享

一是增强联合快速开发能力。国防部将与国家安全创新基地和其他非联邦实体合作，快速发展反小型无人机能力，以缩小差距，加速新技术应用，快速扩大产能，抵御非国家行为体利用小型无人机给国家安全带来的不断变化的威胁。

二是加强与盟国及伙伴国的互操作性。国防部将继续协助盟国及伙伴国建设反小型无人机系统能力，通过制定互利的地方政策、开展技术交流、统一标准等，提高对美国海外驻地人员、资产和设施的保护能力。同时积极与盟国和伙伴国共同开展反小型无人机系统的研发测试与评估工作。

三是增进信息共享。国防部将加强与其他政府部门、国内执法机构和合作伙伴的信息共享，以增强对小型无人机的预测分析、报告、识别，支持相关部门对违规的小型无人机操控者进行管控和投诉，改善空域管制。

三、几点认识

（一）小型无人机对部队和国家安全的威胁不断加大

小型无人机是当前发展最快的无人装备，由于其使用灵活、功能多样、价格低廉、商业化产品多，除被广泛用于军事领域外，也常被非政府组织、犯罪分子等用于实施恐怖袭击和违法行动。《战略》指出，小型无人机对美国本土、美军海外驻地以及其他美国利益存在的地方都可能构成威胁，小型无人机的激增将会给国防部带来新的重大风险。

（二）反小型无人机需要全面的战略支持

美国国防部认识到，反小型无人机是一项复杂的任务，涉及到政策条令、组织机构、装备技术、人员训练、基础设施等方方面面，不能仅仅是发展反无人机装备和技术。为此，早在 2019 年 11 月，美国国防部就成立了联合反小型无人机系统办公室，负责全面领导、协调国防部的反小型无人机工作，针对联合部队需求，研究整体解决方案。与 2020 年发布的《反无人机战略》相比，新版《战略》最大的特点是首次从条令、组织、训练、装备、领导、教育、人员、设施、政策等方面，确定美军反小型无人机战略目标，全面推进反小型无人机能力发展。

（三）加强军种间合作，发展通用、联合解决方案

为了满足联合作战需求、降低开发成本、更有效利用资源、加快新技术应用，《战略》强调，要加强各军种间合作，通过开发通用信息共享体系架构、标准化接口、联合反小型无人机试验鉴定标准、联合训练标准、小型无人机威胁数据体系架构、增强与盟国和伙伴国的互操作性等途径，发展通用、联合反小型无人机解决方案。美国联合反小型无人机系统办公室已经提出，未来美军反无人机系统要能接入"萨德"防空导弹连的指挥控制系统，实现与现有指挥控制架构的融合。

（四）反小型无人机作战概念研究、军事训练等受到重视

作为指导未来反小型无人机能力建设的顶层战略，《战略》首次提出要开发反小型无人机作战概念和条令，建立联合训练标准，加强部队反小型无人机意识和技能训练。作战概念获得批准后，还将被纳入军队和联合作战条令。为配合相关能力建设，美军计划建设统一的小型无人机威胁数据库，为反小型无人机作战提供目标特性信息和易损性评估。作战概念和训练标准的完善，有可能使反小型无人机从对抗一类威胁目标的作战行动演变为一类新兴的作战样式。

（中国兵器工业集团第二一〇研究所　李雅琼）

（解放军32802部队　全寿文）

美军城市作战技术发展态势

城市作战将是 21 世纪主要的作战形式之一。随着无人技术和网络技术的快速发展,作战力量更加单元化,城市作战的技术含量大幅提升。近年来,美、欧、俄等国家一直在加强无人作战系统在城市作战中的应用。美国空军、陆军、海军都大批采购无人机作战系统,同时开展地面无人联合作战研究。此外,精确制导弹药也成为热点方向。

一、作战特点与关键技术

随着城市现代化进程不断加快,城市的数量将越来越多,其战略地位与军事价值更加突出,已经成为美军重点关注的作战环境之一。

(一)作战特点

与其他作战样式相比,在很大程度上,城市作战的战场环境影响和制约着作战行动及装备使用方式。

1. 多样化的作战环境增加了行动难度

不同城市环境的特点相似但不相同,在人口密度、建筑、文化以及其他各方面都存在差异，冲突性质、民众态度、友善行动都会以不同的方式互相影响，受到城市民众不同程度的敌对或支持。

一是在城市作战环境下，各种建筑、街道、设施密集分布，纵横交错，这种多样的地理环境增加了作战行动难度。二是不同种族、宗教、信仰、思想意识的个人或集体构成的复杂人文环境增加了态势感知难度。三是城市发达的地下设施使得地下环境多样，增加了战争的不确定性。

2. 民用信息系统干扰战场态势感知

城市人口、货物、数据的流动会造成环境的复杂化。公共网络扩大了作战行动对政治、经济、社会的影响，使战争态势不断变化，增加了任务评估、规划、预测的难度。

一是互联网加大了情报控制难度。信息、智能、通信的大范围应用，增加了城市作战的不确定因素，难以控制局势。二是民用和公共媒体让部队行动难以隐蔽。无处不在的民用手机、摄像机、互联网等自媒体，使作战行动受到严密监视。随着信息源的快速扩展，陆军/海军陆战队的公开作战行动信息的产生速度超越了内部军用信息系统的处理能力。

3. 军事与非军事目标混杂限制了行动自由度

城市中地形、人口和基础设施的密度会让美军和威胁行动的方式都受到影响，让友军运用火力、移动和机动以及收集情报的能力面临复杂化的局面。

一是机动性方面的限制增大了相互支援、增援、后勤保障以及伤员后送风险。二是火力方面受到精确、瞄准、侦察、打击范围的限制。城市建筑物是城市作战的重要依托，能够为部队特别是守军提供良好的隐蔽条件，限制进攻部队的观察范围和射界射程，压缩防空武器的使用范围，制约和阻碍装甲部队的行动。

（二）关键技术

为适应城市作战的特点，部队遂行城市进攻作战任务应当具备相应的能力要求，包括侦察感知能力、指控通信能力、快速机动能力、协同打击能力。

1. 侦察感知技术

在城市环境中，持续监控的必要性极大，包括系留与低空小型传感器、地下感知与定位技术、核化生爆检测技术、生物检测与特征识别技术、地理空间3D/4D定位技术。例如，受控小型飞艇能够对目标或关注区进行持续观测，并执行桥底检查或炸弹嗅探等功能；地下感知与定位能够充分利用城市的铁路和地铁系统，支持小队渗透和重要区域的疏散/救援。

2. 指控通信技术

灵活多样的通信与组网技术是克服城市复杂环境，实现实时指控的关键，高速数据传输技术、物联网、增强现实技术、5G与6G无线网络受到美军的高度重视（图1）。例如，在城市分队作战中，地面分队执行任务依赖于近地空域或其他火力支援力量的运用与支持，增强现实技术可以在地空协同行动中发挥作用：分队作战人员可以通过增强现实方便地拾取目标在三维环境中的位置，为空域甚至远程海上力量提供目标指引，从而为其远程精确打击提供位置参考。

3. 快速机动技术

无人自主系统、有人无人协同、外骨骼技术将形成多样化的机动手段，克服城市下的环境障碍。美国陆军指出，在近几场局部战争中，越来越多的无人作战平台投入战场，机器人正逐步成为作战双方角力的焦点，如何运用、管理机器人作战平台乃至机器人"集群"战斗队，是美国陆军正在

图 1　陆海空联动的 5G 军事通信网络

研究的课题。美军认为，伴随人工智能技术不断成熟，人机协同作战将使部队规模大幅缩减、作战节奏大幅加快、"集群"作战大幅增加，分布式部署、集中式杀伤将成为常态，这意味着作战人员须强化战场态势感知能力，进而实现"分布式杀伤"。

4. 协同打击技术

协同作战已成为当前美军弹药智能化发展的重点。近年来，随着网络化进程进一步深化，加装数据链已成为现役弹药升级改进的重要措施，网络化巡飞弹新型号研制也都将数据链技术的应用作为标准配置。依托数据链路，弹药可以根据指控中心指令要求与战术网络中的不同平台进行协同作战，尤其是导弹与导弹、导弹与无人机等无人化武器装备之间的协同作战。

二、最新动向与发展趋势

2021 年，美军围绕城市作战环境下的无人作战系统技术、低空与地面快速突击、有人无人协同与交互等领域，开展了大量研究。美国陆军、海军陆战队、DARPA联合企业、院校不断探索相关领域的技术应用潜力。

（一）最新动向

1. DARPA验证城市无人作战技术

2021年12月，DARPA利用诺斯罗普·格鲁曼与雷声公司开发的作战开放式架构，使用虚拟现实、增强现实等沉浸式"蜂群"界面来指挥控制300多个无人平台进行联合作战；并行使用虚拟和实体无人机执行任务。试验展示了"无人机载具"装置能使80架无人机自主发射、回收和充电；多架固定翼无人机装备机载避碰装置，能够在狭小的城市环境中自主飞行（图2）。

图2 DARPA进攻性"蜂群"赋能项目试验

2021年4月，DARPA与美国军事学院、海军学院、空军学院共同设立"三军学院'蜂群'挑战赛"，激励院校学员开发创新的进攻性及防御性小型无人机蜂群战术（图3）。挑战赛为期3天，40余名学员演示了高度自主的蜂群战术，进一步明确了蜂群战术的发展和应用方向。

图3 三军学院"蜂群"挑战赛

DARPA通过"蜂群冲刺"活动，进行快速技术研发与集成能力试验，让更广泛的开发者和用户群体参与进来，以加快项目进程。目前，DARPA已授出第二次"蜂群冲刺"合同，并征求第三次"蜂群冲刺"建议书。这些活动有助于加深对城市作战环境的理解，及时跟进该领域前沿技术，不断适应未来作战需要。

2. 美军开始测试多款新型突击系统

美国陆军未来垂直起降项目跨职能小组主任沃尔特·鲁根表示，在未来战争中，无人机将率先出动，用于探测敌方空域，以收集情报、打击目标等。美国陆军未来攻击侦察机项目2021财年研制和部署新型侦察直升机，贝尔公司和西科斯基公司在2021财年和2022财年计划同时制造侦察直升机原型，为飞行适航性安全提供子部件资格认证，开发飞行控制、改进版涡轮发动机集成软件。贝尔公司已在2020年11月完成了最终设计和风险评估,并从竞争性原型机设计工作转移到增量1能力设计工作,在2021年6月全面启动增量1初步设计评审(系统需求评审和系统功能评审等)。

3. 人机协同与交互技术取得新进展

美国空军研究实验室2020年1月授予通用电气航空公司"有人–无人系统编队使能架构"原型项目合同,计划在"灵活、可靠的有人–无人系统"项目下进行架构建模和原型设计工作,定义一系列架构、流程、方法、工具和环境,为异构、多人、多机团队走向实战奠定基础。

美国陆军2021年3月启动"先进编队"有人无人协同演示项目,旨在帮助直升机飞行员在作战中能与无人机进行协同。陆军还于8月完成首次"架构、自动、自主和交互界面"系统能力试验,由MH–47"支奴干"直升机上的武器操作员使用平板电脑控制1架MQ–1C无人机发射1枚GBU–69精确制导弹药,并引导其成功打击探测到的时敏目标。

(二) 发展趋势

1. 穿墙探测技术尚未大规模应用但潜力巨大

穿墙探测是一种特殊的态势感知技术,可在城市条件下遂行特种、侦察任务,改善战术小队的作战原则、战术动作、战术技术战法。2020年,全球穿墙雷达市场销售额达到了1.79亿美元,预计2027年将达到2.55亿美元,年复合增长率5.06%(2021—2027年)。根据美国警察机构和消防救助机构的计算结果,每一个行动小队(6~10人)即需要配备一部穿墙探测设备。目前,穿墙探测技术尚未在部队中大规模应用,一旦广泛运用将显著改变进入封闭空间、建筑物、隧道完成任务分队的作战方式。

2. 无人系统在功能与类型上将形成体系化

智能无人部队是对无人装备及其相关技术的成建制、一体化运用,即正式走进战场,成为智能化战场上的主要部队形态。美军通过组建无人装备发展无人作战力量，变革军队现有作战力量体系结构。目前，美军已组建小规模机器人部队，主要以无人机部队和地面排爆与侦察型无人装备部队为主，预计2025年开始组建无人战车部队。按照美国陆军最新版《机器人与自主系统战略》等无人系统发展规划，2040年后将实现无人集群对抗。

3. 地下战将成为城市作战技术的重要发展方向

美军已经把地面智能作战、"地下"智能作战作为未来重要的一种战争方式。陆上智能作战面临的困难较多，一方面，陆地宽广、情况复杂，智能装备行走不如空中方便；另一方面，陆地目标容易隐藏、伏击点多，智能装备需要承担巨大的风险。地面无人装备同样适用于"地下"作战和保障。美国国防部认为，过去20年来对无人系统进行"地下"作战的重视不足。美军如果不在"地下"作战中有所突破，其作战效果就会大打折扣。美军擅长空中、海上作战，但对"地下"作战几乎没有任何经验。为了弥补这一不足，美国陆军正在对其31个战斗旅中的26个旅进行地下作战训练。同时，DARPA通过举行"地下"挑战赛，鼓励企业思考将机器人（或无人地面车辆）派往地下的问题。

三、结束语

城市是现在和未来战争的主战场。人工智能正在快步走进城市战场。作战主体力量由步兵向"特战+无人装备"转变。美国陆军正在为适用于城市环境的无人系统开发新一代人工智能算法，以帮助决策者搜集信息，提升人机联网能力。美军提出，在大数据、云计算等技术支持下，美国陆军不仅要具备全球机动能力，还要具备与上级通联中断后的自主作战能力，提高所有层级的敏捷性、准确性和全局性的决策效率。中东地区国家近年来发生的战争验证了现有战车在城市环境中的价值。因此，美国陆军要求"下一代战车"的技术目标是采用混合动力系统，减少对燃料补给的需求；采用快速诊断技术，支持战地维修；提高零部件可靠性，延长装备使用寿命等。

（中国兵器工业集团第二一〇研究所　于洋）

美国陆军多举措推动云现代化

2021 年 9 月 1 日，美国陆军首席信息官拉杰·艾尔在《美国陆军采购、后勤和技术》杂志上发表文章，提出了美国陆军首席信息官办公室推动陆军数字化转型的战略构想，将通过发展云计算和人工智能等新技术，以及构建创新环境，旨在到 2028 年建设一支致命的、战备的数字陆军。云是美国陆军数字现代化的重要组成，2021 年美国陆军采取了多项措施推动云现代化，包括成立企业云管理局、正式运行软件工厂、打造云迁移试点机构、与工业界合作征集成熟商用技术等，积极推动美国陆军云现代化，旨在与对手的竞争中保持数字化优势，为打赢未来可能发生的数字化新型战争做好准备。

一、全面构建美国陆军云环境，打造数字竞争优势

为实现利用云保持信息优势和数字优势的愿景，美国陆军通过战略谋划、机构建设、技术合作等方式，积极推动陆军云现代化建设。

（一）顶层谋划美国陆军云现代化，推动陆军数字化转型

当前，在全球威胁格局不断演变的背景下，美军在战略层面提出了对

陆军云现代化发展的要求。2019年7月,美国国防部发布《国防部数字现代化战略》,提出优先发展网络安全、人工智能、云、指挥控制与通信四项战略支柱,将发展先进信息技术提高到前所未有的战略高度,确保美军在信息领域的绝对优势。2019年10月,美国陆军发布《美国陆军现代化战略》中强调,云是美国陆军现代化工作的基础。对数字转型和陆军基础性网络与计算机基础设施现代化的投资是陆军成功的关键。陆军将开发云计算技术,改善数据访问和共享环境,并简化软件开发工具与服务。通过利用云开放架构,信息可以在机构和地面部队士兵之间快速传递,使指挥官能够在信息环境中有效地对抗敌军。在美国军事战略发展的布局下,为实现美国陆军现代化,美国陆军加快了云现代化建设。2020年9月11日,美国陆军企业云管理局发布了《美国陆军云计划2020》。该计划是美国陆军推动云现代化和数据现代化的重要顶层文件,旨在推动美国陆军数字化转型,打造一支在信息技术使用方面比对手更强大、更精良、更熟练的陆军部队。该云计划提出了六大战略目标:加速数据驱动决策;缩短软件部署和聚合时间;优化安全认证流程;打造云设计、软件开发和数据工程核心能力;为未来战争环境设计软件;实现数据资产的成本透明度和问责制度。

(二)成立企业云管理局,推进美国陆军云计划实施

美国陆军首席信息官办公室是推动陆军数字化转型的总体机构,其下属企业云管理局是负责推动美国陆军云现代化的实施机构,并为未来司令部下属软件工厂对提高作战人员数字能力提供支持。该机构在2021年3月正式更名,由原企业云管理办公室更名为企业云管理局,机构性质从临时运行机构转变为正式机构。该机构正在寻求规范整个美国陆军数据处理的方法,并试图将应用程序和系统迁移到商业云中,努力使美国陆军为未来的数据驱动战争做好准备。该机构致力于在整个企业中采用新的云和数字技术。自成立以来，该机构已经建立了美国陆军第一个经过认证的开发和运营安全平台，以支持美国陆军软件工厂，并在企业云 cArmy 计划框架下创建了一个云环境，并支持将关键任务应用程序迁移至企业云 cArmy，从而尽快为陆军节省成本。美国陆军企业云管理局认为，云将在数据存储、访问和迁移以及未来战场上人工智能装备的开发中发挥关键作用。企业云管理局将促进美国陆军加快开展云管理和采用新的数字技术的进程，以推动美国陆军数字现代化转型。

（三）正式运行软件工厂，寻求数据处理方法

《美国陆军云计划 2020》中强调，陆军将通过创建现代化软件解决方案为陆军数字化奠定基础，以适应日益增长的信息量。2021 年 4 月，美国陆军未来司令部下属软件工厂正式运行，旨在提高作战人员的信息数字能力，备战未来多域作战。该软件工厂主要通过提高整个部队的数字化能力、使士兵能够主宰以信息为中心的战场、通过利用网络安全实践和云技术中的敏捷开发安全操作来解决当前的陆军问题等目标，设计美国未来陆军部队。未来，在面对复杂的多域作战环境时，作战人员可能无法有效地从上级梯队或软件服务商处取得支持。因此，教授作战人员基础的编码知识，提高其信息化作战能力成为亟需解决的问题。陆军软件工厂提出"由士兵和为士兵"的软件开发解决方案。通过开设相关课程，教授士兵 C++、Java 和 Java Script 等编程语言以提高其使用云系统的能力。制订培训计划，筛选陆军所需的软件工程人员。

（四）打造云迁移试点机构，逐渐向云环境过渡

在企业云管理局推动美国陆军云现代化的框架下，美国陆军其他机构，包括陆军总部和各个司令部也在积极提升在云架构、数据工程和软件开发

方面能力。通过打造试点机构，并逐步在整个陆军推行云现代化的发展模式，以实现构建陆军云环境。针对美国陆军数据孤立、缺乏有效数据分析工具的突出问题，美军将陆军合同司令部作为云迁移内部试点机构，通过提出一种基于云迁移的解决办法，逐渐向云环境过渡。当前美国陆军面临两个分析和管理的挑战：一是其数据被锁定在独立和专有数据库中；二是包括数据科学家在内的陆军团队成员缺乏现代的、共同的数据分析工具。云迁移则是一个可以同时解决上述两个问题的潜在方法，即将陆军数据转移到可远程访问的数据环境中，进而提供可扩展的计算机处理、数据存储和分析服务。通过将美国陆军合同司令部作为云迁移试点机构，其获得的经验可以在整个陆军中推广使用。

（五）与工业界合作，征求数据管理和云迁移成熟商用技术

商用云能力的出现正在改变美军开发、交付、部署及购买应用、系统和服务的方式。美国陆军积极与工业界合作，寻求成熟的商业技术推动美国陆军云现代化发展。2021年4月，美国陆军企业云管理局发布了两项信息征询书（RFI），关注基于云服务的数据管理和现代化技术。信息征询书中提出，美国陆军企业云管理局要求工业界可以为其未来的企业数据管理平台提供支持。美国陆军需要从根本上转变其数据治理和数据管理的方法，这需要一套标准化、安全、可信、灵活和有弹性的数据管理服务和数据平台，以满足所有数据的共同治理需求。该数据平台还将提供一个跨越不同保密级别和联合网络的"通用数据结构"，并能够连接到美国陆军的企业云。美国陆军大部分应用程序将迁移到企业云cArmy，通过利用商业云基础设施和软件进行稳定的数据共享、查询和分析。

（六）削减数据中心，推动更多数据传输云端

美国陆军计划到 2028 年将当前运行的 12 个持久数据中心削减至 6 个，将约 250 个较小的本地数据处理节点关闭一半，并将更多数据转移到云端。当前美国陆军已经将主要项目转移到了云端，其中包括三个复杂的企业资源规划系统。过去的数据中心整合计划旨在让更多的数据中心保持活跃，但当前的整合计划旨在确保基于云的系统托管程序和数据更加安全。

二、两点认识

美国陆军推动云现代化的进程中，通过打造新的陆军数据治理体系，为打赢未来数字化战争做好准备。

（一）通过现代化云环境重构美国陆军数据治理体系

当前，美国陆军面临的挑战是数据被锁定在独立和专有的数据库中，以及陆军团队成员缺乏现代化通用的数据分析工具。而且不断变化的安全威胁迫使美国陆军需要在所有任务领域改变其数据管理方式。因此，美国陆军致力于从根本上转变其数据治理和数据管理的方法，构建标准化、安全、可信、灵活和有弹性的数据管理服务和数据平台，以满足数据治理需求。通过推动云现代化，美国陆军将规范数据处理方法，加速数据以标准化方式向云体系架构迁移。

（二）为打赢未来数字化新型战争做好准备

美国陆军正在积极提高其数字化作战能力，将数据作为战略资产加以利用，并将云作为使能器，加快并将数据影响扩大到各级别武装冲突中。因为在冲突地区，士兵们首先会遭遇网络攻击，敌方通过摧毁通信线路，

限制信息的获取和破坏完整性,从而降低美国陆军在作战中的快速决策能力。为了在这一领域竞争并取得胜利,美国陆军积极利用现代信息技术和方法,加快陆军云现代化,旨在建设一支敏捷、精干、软件支持的部队,能够在数字化战场上快速反应,快速决策。

(中国兵器工业集团第二一〇研究所　董姗姗)

美国陆军"远征技术探索"竞赛分析

2021年9月12日,美国陆军、空军和海军联合举办的"远征技术:全球人工智能"竞赛落幕。这次竞赛主题为"与盟国合作识别最先进的人工智能技术",由荷兰马歇尔人工智能(Marshall AI)公司获得竞赛第一名。"远征技术:全球人工智能"竞赛是美国陆军远征技术探索(xTechSearch)的主题竞赛项目,首次将陆军远征技术探索由陆军主办发展为陆海空三军联合主办,且面向对象也由美国小企业推广至全球符合要求的企业。

一、远征技术探索竞赛项目的基本情况

远征技术探索是美国陆军于2018年6月启动的开放性竞赛项目,该项目在陆军负责采办、后勤与技术的助理部长资助下,由陆军研究实验室协助管理和实施,为陆军现代化进程中面临的挑战提供创新解决方案。

(一)项目背景

美国陆军一直很重视小企业的技术发现、创新和转移,目的是利用小企业的创新科学技术来解决陆军现代化进程中面临的重要挑战。为了更好

地利用小企业的科技创新能力，陆军负责采办、后勤与技术的助理部长在《美国法典》（15 USC §3719）授权下，于2018年启动了远征技术探索竞赛项目，探索陆军现代化应用的突破性技术。2020年，该项目不局限于现代化的常规竞赛，还针对陆军面临的关键技术挑战开展主题竞赛。

（二）主要做法

1. 面向小企业，支持陆军科学技术创新生态系统的建立

远征技术探索竞赛项目主要面向美国小企业和其他非传统国防合作伙伴，该项目为小企业等提供机会，使之能直接与陆军及其实验室接触（降低了这些企业与陆军接触的门槛），促进创新，为陆军负责采办、后勤与技术的助理部长正在推动建立的创新生态系统提供支持。

2. 聚焦陆军现代化和创新技术，解决陆军能力缺口

该项目探索新颖、颠覆性的概念和军民两用技术，解决陆军能力缺口或技术短板、陆军军械库和兵工厂面临的制造或可制造性相关挑战，以及保障或老化问题，支持建制或非建制国防工业基础。该项目的常规竞赛主要聚焦远程精确火力、下一代战车、未来垂直起降飞行器、机动通信指挥网络、一体化防空反导和士兵杀伤力六大项目群，主题竞赛的重点是人工智能与机器学习、可靠的定位导航与授时、自主平台、通信与网络、数据可视化与合成环境等其他关键技术。

3. 加强知识产权管理，促进技术创新

参赛者在竞赛项目中获得的相关概念和技术的知识产权归其所有，联邦政府可以通过协商和谈判等方式获得使用许可。但联邦政府在竞赛之前通过政府协议、合同等拥有的专利、技术数据、技术信息、计算机软件、计算机数据库和计算机软件文档等方面的权力不受影响。这种以商业化为导向的知识产品管理方式，会促进更大规模的创新，同时还能在很大程度上防止军事技术流向竞争对手。

（三）进展情况

截至 2021 年 10 月，美国陆军共开展了 16 期竞赛，共投资经费约 5086.9 万美元（详见表 1 和表 2）：常规竞赛 6 期，即远征技术探索第一届至第六届（表 1），前 5 期已结束，第 6 期已完成概念白皮书收集；主题竞赛 10 期，即远征技术 – 小企业创新研究计划等（表 2），已完成 7 期，有 3 期仍在进行之中。

二、项目流程与评审标准

该项目常规竞赛分 4 个阶段，主题竞赛根据实际情况分为 2~4 个阶段，不同项目、不同阶段的评审标准也有所不同。

（一）常规竞赛流程与标准

第一阶段为概念白皮书。一般每年春、秋两季向小企业征集概念白皮书，参赛的白皮书要概述使用的技术、潜在影响、科学可行性、军民两用情况等内容。评审专家和评委根据标准评审并选出进入下一阶段的白皮书，获胜方每家能获得约 5000 美元的奖金。如第一届远征技术探索于 2018 年 6 月 11 日至 7 月 15 日完成白皮书征集，根据影响/变革陆军的潜力（占 50%）、科学和工程可行性（占 30%）、团队经验和能力（占 20%）等标准评选出了 125 家企业，每家企业给予 1000 美元的奖金。

第二阶段为技术推介。参赛者利用 15 分钟时间向由陆军和国防部主题专家和裁判组成的小组当面推介技术，重点介绍新技术解决方案和概念验证演示。评审小组根据标准选出参加第三阶段的参赛者，并奖励约 1 万美元。例如，第一届远征技术探索于 2018 年 8 月 6 日至 27 日完成技术推介，

表 1 远征技术探索常规项目情况

序号	项目名称	主题	资助、合作机构	经费/万美元	周期	获胜小企业	获胜的技术概念
1	远征技术探索（第一届）			195	2018.6—2019.3	阿德拉诺斯公司	高效、清洁的固态火箭推进剂
2	远征技术探索（第二届）			218	2018.11—2019.10	流明眼公司	便携式穿墙雷达
3	远征技术探索（第三届）	陆军现代化	陆军负责采办、后勤与技术的助理部长	229	2019.4—2020.9	TRX系统公司	GPS拒止和导航战环境中下车士兵用的威胁协助检测
4	远征技术探索（第四届）			228	2019.10—2020.10	维塔技术公司	下一代自主提升机救援稳定系统
5	远征技术探索（第五届）			204	2020.2—2021.9	Project OWL公司	统一网络
6	远征技术探索（第六届）			330	2021.7—		"概念白皮书"阶段

表 2 远征技术探索主题项目情况

序号	项目名称	主题	资助、合作机构	经费/万美元	周期	获胜小企业	获胜的技术概念
1	创新融合	可升级的功率和能源解决方案;减重和提高生存力的新型材料	陆军未来司令部、作战能力发展司令部地面车辆系统中心、作战能力士兵中心	92	2020.3—2020.7	FPH美国公司、泰克斯电源公司	减重和提高生存力的新型材料;不含钴的军用高能锂离子电池
2	远征技术-小企业创新研究:波形挑战	战术无线电用的波形	陆军战术指挥控制通信项目执行办公室	195	2021.3—2021.6	安卓计算公司等5家	波形敏捷系统调色板等5项技术概念
3	新冠肺炎呼吸机挑战	低成本、易于制造的急救呼吸机	—	100	2020.4—2020.5	SISU公司等5家	低成本呼吸机等
4	远征技术-小企业创新研究计划	战车现代化、自主导航传感器等6个主题	陆军负责采办、后勤与技术的助理部长	486.4	2020.9—2020.11	每个主题4家单位入选	—

续表

序号	项目名称	主题	资助、合作机构	经费/万美元	周期	获胜小企业	获胜的技术概念
5	远征技术：战略性快速采办	陆军快速战略采办相关的6个主题	美国陆军快速能力与关键技术办公室	2500	2021.4—2021.7	安普瑞斯系统公司等8家	配有硅纳米线锂离子电池的双纳米无人机续航能力等8项
6	远征技术：创新融合	电池监测和管理技术；安全可打印的共形电池	陆军未来司令部	112	2021.4—2021.7	山合电力公司，储能技术公司	具有创新功率流控制电池管理系统的下一代BB-2590；士兵电源用的共形半固态锌-空气电池
7	远征技术：全球人工智能	资源受限环境中人工智能使能的多模分析	陆军未来司令部、陆军负责采办、勤与技术的助理部长、陆军作战能力发展司令部、空军、海军研究办公室、英国国防和安全加速器等	25	2021.3—2021.9	芬兰马歇尔人工智能公司	国防部计算机视觉的可重构深度学习信道

103

续表

序号	项目名称	主题	资助、合作机构	经费/万美元	周期	获胜小企业	获胜的技术概念
8	远征技术：大脑操作性学习技术	大脑操作性学习技术	陆军医学研究与发展司令部	100	2020.8—至今		已完成"半决赛"
9	远征技术：互操作性测试	定位导航与授时的C⁴ISR/EW模块化开放标准套件	情报电子战与传感器项目执行办公室，陆军作战能力发展司令部，C⁵ISR中心等	20	2021.8—至今		已完成第一阶段
10	远征技术：传统入学院和大学	陆军现代化	陆军负责采办、后勤技术的助理部长，陆军作战能力发展司令部	52.5	2021.8—至今		已完成第一阶段

根据标准（评审标准与第一阶段基本相同，这一阶段要考虑概念验证演示计划）评选出了25家企业，每家企业给予5000美元的奖金。

第三阶段为半决赛。入选的参赛者在军方赞助的展览空间（如美国陆军协会创新者之角）向国防部客户、行业合作伙伴和学术界公开展示技术解决方案或创新概念，评审小组根据标准评选出进入第四阶段的参赛者，并奖励12万美元。例如，第一届远征技术探索于2018年10月14日至16日开展了半决赛，并评选出12家企业，每家提供12.5万美元奖金。

第四阶段为决赛。在陆军协会年会等活动中向陆军主题专家和国防部领导对其技术解决方案的概念验证进行演示。最终获胜者获得25万美元奖金。如第一届远征技术探索于2019年3月17日至18日完成了决赛，最终获得者是安德拉诺斯公司。

从现有竞赛来看，第一、第二阶段评审标准比较固定，参赛者可在提交概念白皮书时获知，重点考虑的因素包括创新概念的影响/变革陆军的潜力、科学和工程可行性、军民两用（商业化潜力）、团队能力、白皮书或建议书质量等；第三、第四阶段的评审标准根据实际情况制定，主办方会提前告知参赛者。

（二）主题竞赛流程与标准

主题竞赛的流程和标准根据实际情况制定，以"远征技术：全球人工智能"主题竞赛为例，该竞赛分为两个阶段，即概念白皮书阶段和最终技术推介阶段。

该竞赛的概念白皮书阶段于2021年3月25日至5月12日举行，这一阶段向全球中小企业（主要是欧洲、中东和非洲）征集概念白皮书以及概要图（仅一页，可以是幻灯片格式）。概念白皮书和概要图概述使用的技术、对美军的潜在影响、方法的科学可行性，以及军民两用前景等。国防部和国际利益相关方（包括用户、项目采办和研发主题专家）对概念白皮书和概要图进行审查，选出 10 家单位进入下一阶段，每家入选单位奖励 1 万美元。这一阶段审查标准主要是概要图（占 10%）、技术概念和可行性（占 30%）、影响/变革陆军的潜力（占 30%）、商业化潜力（占 20%）和白皮书等提交材料的质量（占 10%）。

最终技术推介阶段于 2021 年 9 月初举行，每家企业拥有 10 分钟技术推介时间和 10 分钟答疑时间，无法到会场的企业可通过网络视频等方式进行。评审小组根据标准选出的前 3 名分别是芬兰马歇尔人工智能公司、瑞士晶格流公司和英国网络防御服务有限公司，并分别给予 7 万美元、5 万美元和 3 万美元的奖励。期间，评审小组会向参赛者反馈信息，目的是帮助企业加速技术成熟。在这一阶段，"远征技术加速器"项目（美国创新加速器）还为决赛者提供个人指导，使之了解如何利用国防部的国防市场来获得未来的合作机会。

三、几点认识

（一）形成面向小企业的"创新概念－创新技术－创新成果商业化"资助链，完善陆军创新生态系统

美国陆军已有小企业创新研究计划、小企业技术转让计划等面向美国小企业的常规计划，并借助这些计划来利用小企业的创新技术，解决陆军发展中面临的一些难题和挑战，而且这些计划中有潜力的技术可以通过政府合同和自合同等方式对技术进行商业化形成产品。在此基础上，美国陆军开展远征技术探索竞赛项目探索创新概念，且部分创新概念完成概念验证后能直接参与小企业创新研究计划进行技术验证和样机演示，使陆军针对小企业的计划和项目形成了从创新概念到创新技术再到创新成果商业化的资助链。

美国陆军因机构、人员、经费等方面的限制，科技研究工作尤其是基础研究需要学术界和工业界协助完成，这使得大学和工业界积累了大量的知识、概念、技术和能力。远征技术探索竞赛项目为小企业提供了与陆军需求机构和实验室直接接触的机会，陆军也可借此机会筛选有潜力的小企业，使之成为陆军创新生态系统的一员，完善组成结构，更好地推进陆军现代化建设。

（二）这种竞赛模式可能在国防部范围推广，培育创新概念和技术

远征技术探索竞赛项目最初是在美国陆军相关机构主办下开展工作，而"远征技术：全球人工智能"竞赛的主办方已经扩展到陆海空三军，竞赛的影响力正不断扩大。远征技术探索竞赛经费投入不大，却能广泛收集小企业的创新思路、概念、技术，并通过项目培育使这些概念进一步发展为创新技术甚至是产品，这既能为陆军的迫切需求提供创新解决方案，还能为陆军长期发展增加技术储备。这种竞赛模式未来有望得到更多的国防部机构支持，进而在国防部甚至是政府范围推广。

（中国兵器工业集团第二一〇研究所　胡阳旭）

美国陆军 2022 财年预算分析

2021 年 5 月，美国陆军发布 2022 财年预算申请，共申请 1729.62 亿美元经费，在国防部预算（7150 亿美元）中约占 24.2%，略有下降。美国陆军 2022 财年预算支持《国家安全战略临时指南》指导下的陆军建设，该预算将以人为本，在维持战备的同时继续以现代化为核心开展新一代能力建设，目的是使美军在当前和未来的联合全域作战中获胜。

一、陆军 2022 财年预算比 2021 财年下降约 2%

2022 财年美国陆军预算申请总额为 1729.62 亿美元，相比 2020 财年（1765.85 亿美元）的拨款额下降 2%，持续第三年下降。其中，基础预算 1545.49 亿美元，比 2021 财年增加 14 亿美元，增长不到 1%。2022 财年取消了海外应急行动资金，采用直接和持久应急资金替代，两者用途相似，主要是支持阿富汗"自由哨兵"行动、伊拉克"坚决"行动、欧洲威慑倡议，以及反"伊斯兰国"等，但 2022 财年预算为 184.13 亿美元，与 2021 财年相比降幅达 21%。

在 2022 财年陆军预算中，军事人员、使用与维护、研发与采办以及其他预算分别为 661.57 亿美元、654.99 亿美元、340.7 亿美元和 70.36 亿美元，与 2021 财年相比，除了军事人员预算略有增长（增幅为 1.74%），其他各项均有所减少，研发与采办预算降幅最大为 11%。

军事人员的 661.57 亿美元（包含 39.02 亿美元的医疗基金）主要用于维持 101.05 万士兵（包括陆军现役部队、预备役部队和国民警卫队，不包含文官），培育以人为本的文化，以及改善军人及其家庭的生活质量。

使用与维护的 654.99 亿美元（包含 2.01 亿环境恢复经费）主要是：①通过人才管理和生活质量改善来照顾军人、文职人员及其家庭；②完善战备，如实施区域一致战备现代化模型，为把陆军的工作重点从应急行动转移到联合全域作战做好战备和现代化的准备；③支持陆军现代化工作，如为"会聚工程"实战演练、先进制造、网络安全等提供经费。

此外，其他预算中，美国陆军 2022 财年为太平洋威慑计划申请了 18.91 亿美元预算，开展联合部队杀伤力、部队设计与态势、加强盟友与合作伙伴的关系，以及演习实验与创新等工作。

二、研发与采办预算支持陆军多域转型

美国陆军研发与采办预算由采办预算和研发试验与评估预算两部分组成，2022 财年这部分预算继续聚焦六大项目群（远程精确火力、下一代战车、未来垂直起降飞行器、机动指挥通信网络、一体化防空反导和士兵杀伤），为陆军转型成多域战备部队提供支持。

（一）研发与采办预算下降 11%，六大项目群经费增长 18.6%

2022 财年美国陆军共为研发与采办申请预算 340.7 亿美元，与 2021 财年相比下降 11%。六大项目群仍是研发与采办预算的重点，2022 财年总预算为 112.51 亿美元，比 2021 财年增加 17.62 亿美元，增幅达 18.6%，各项目群预算分别为：远程精确火力 15.45 亿美元、下一代战车 14.56 亿美元、未来垂直起降飞行器 15.66 亿美元、机动指挥通信网络 30.92 亿美元、一体化防空反导 17.30 亿美元、士兵杀伤 18.61 亿美元。六大项目群预算占研发与采办预算的 33%，未来 5 年这一占比将提升至 50% 左右，这意味着未来 5 年六大项目群的经费仍将维持增长趋势。

2022 财年在研发与采办预算明显减少的情况下，六大项目群预算仍维持较大幅度增长原因有三点：一是部分项目技术不断成熟向更高成熟度的预算类别转移，所需经费增加；二是按进度要求开展新项目和能力研究或加大部分装备和技术的研制力度；三是继续通过资源整合、项目调整等改革，为陆军现代化增加经费投资，其中 2022 财年减少或延迟 37 个项目的经费投资，取消 7 个项目，共计节约出 15.79 亿美元，这些经费部分用于六大项目群。

（二）研发预算聚焦六大项目群

2022 财年，美国陆军研发试验与评估预算共申请 128 亿美元经费，比 2021 财年降低 9.5%，但六大项目群的工作稳步推进，为陆军开发全域作战所需的技术和能力。

1. 六大项目群向组件开发和系统演示阶段转移

研发试验与评估预算加速陆军武器系统的升级，为士兵提供更强的能力，推进前沿技术发展。2022 财年这类预算降幅较为明显，各部分经费如图 1 所示。

重要专题分析

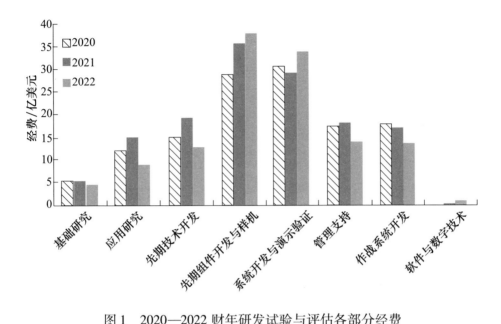

图 1　2020—2022 财年研发试验与评估各部分经费

其中陆军科技预算（即基础研究、应用研究和先期技术开发）共 26.84 亿美元，比 2021 财年减少 33.1%①，各部分经费均明显降低。陆军科技预算占研发试验与评估预算的 21%，其中有 74% 用于六大项目群，相比 2021 财年科技领域六大项目群的预算有所减少。

在其他大部分预算降低的情况下，先期组件开发与样机和系统开发与演示验证的预算相比 2020 财年和 2021 财年有所增加，这两部分预算占研发试验与评估预算的 56%（2021 财年为 46%），原因是新增部分项目和部分重点项目预算增加，如航空先期演示、多域传感系统先期演示等。

---

① 对比 2021 财年和 2022 财年陆军预算文件中 2021 财年科技预算数据，2021 财年科技预算申请为 25.9 亿美元，最终拨款金额为 40.11 亿美元，新增的经费主要来自国会增加项目，如 2021 财年国会新增项目 20 项，涉及经费 13.74 亿美元。因此，如果经费允许且存在国会认定需要重点解决的问题，2022 财年实际拨款的经费可能会有所增加。

总的来说，六大项目群的技术成熟度不断提高，工作重心主要在组件开发和系统演示阶段。

2. 2022财年的"软件和数字技术"预算活动经费较2021财年翻番

2022财年，陆军软件和数字技术试点计划（6.8）申请预算1.19亿美元，是2021财年的2.1倍。软件和数字技术试点计划是2021财年新启动的国防预算类别，是国防部为简化软件开发和采购而开展的试点计划。2022财年，陆军软件和数字技术试点计划针对防御性网络作战，开展战术防御性网络作战的基础设施、网络分析方法、任务规划等的研发、采办和使用与维护工作。

3. 八个跨职能小组工作重点扩展为"31+4"项

2022财年，美国陆军八个跨职能小组将其重点工作从"31+3"项扩展为"31+4"项，新增1项为中程能力，该项目为作战指挥官提供能够实现地面机动的全天候的导弹防御能力，其他3项为2021财年新增，分别为高超声速武器、定向能机动近程防空系统，以及高能激光与高功率微波间瞄火力防护能力。这4项工作均由快速能力与关键技术办公室负责，未来随着技术发展成熟可能转移到导弹与空间项目执行办公室。

4. 未来攻击侦察机、远程高超声速武器等是重点研制项目

2022财年，美国陆军研发试验与评估预算重点投资的项目有未来攻击侦察机、远程高超声速武器、低层级防空反导能力、机动中程导弹等，这些项目主要集中在先期组件开发与样机和系统开发与演示验证阶段。

未来攻击侦察机项目2022财年预算6.5亿美元，比2021财年增加35%，增加的经费主要用于支持未来攻击侦察机样机首飞所需的材料购买、工具开发等。未来攻击侦察机能力集1是美国陆军航空现代化优先事项中优先级最高的项目，将通过降低敌人远程能力来确保攻击/侦察优势。2022财年，未来攻击侦察机项目继续开展硬件制造和软件开发以及组件和子系统质量鉴定试验，开始增量 1 空中平台设计和任务系统开发。预计到 2024 财年第一季度达到里程碑 B。

远程高超声速武器项目 2022 财年预算为 4.12 亿美元，比 2021 财年减少 50.5%，主要原因是在交付样机前的 2 年需要大量组件和材料的采购，这导致 2021 财年的经费大幅增加，以满足 2022 财年的制造和 2023 财年的部署需求。2022 财年，远程高超声速武器项目由快速能力与关键技术办公室和导弹与空间项目执行办公室负责。快速能力与关键技术办公室开展通用高超声速滑翔体、全备弹及导弹发射箱的样机制备与集成，开展两次联合飞行行动（JFC－1 和 JFC－2），目的是在 2023 财年之前在一个炮兵连部署高超声速武器系统实验样机，支持多域作战。导弹与空间项目执行办公室的工作为快速能力与关键技术办公室远程高超声速武器项目 2024 财年转为备案项目做准备。

低层防空反导传感器项目 2022 财年预算 3.28 亿美元，比 2021 财年略有增加。低层防空反导传感器将用于替换现役"爱国者"防空系统雷达，2022 财年该项目将完成样机的研制试验与鉴定，继续开展低层防空反导传感器与一体化防空反导作战指挥系统和"爱国者"系列拦截器（PAC－2 GEM－T、PAC－3、PAC－3 MSE）的集成工作等，加速低层防空反导传感器开发使之在 2023 年 12 月之前形成初始作战能力。

机动中程导弹项目 2022 财年预算 2.86 亿美元，比 2021 财年增加 1.98 亿美元，该项目支持陆军快速能力与关键技术办公室中程能力工作，并为将该项目转移至陆军导弹与空间项目执行办公室做准备。2022 财年，该项目将部署一个机动中程导弹的样机连，对所需特征进行集成和评估，确保样机连安全有效地作战部署。

（三）采办预算减少传统系统采购，增加六大项目群相关系统采购

2022 财年，美国陆军采办预算 212.7 亿美元，比 2021 财年减少 11.8%，主要原因是陆军减少对传统系统的采购。采办预算中除了武器与履带式战车略有增加，其他各类系统预算均减少：飞机预算为 28.06 亿，比 2021 财年减少 30.7%，导弹预算为 35.56 亿美元，比 2021 财年减少 11.5%，武器与履带式战车预算为 38.76 亿美元，比 2021 财年增加 6.9%，弹药预算为 21.58 亿美元，比 2021 财年减少 25.4%，其他采办预算为 88.74 亿美元，比 2021 财年减少 6.9%。

"斯特赖克"装甲车、"艾布拉姆斯"主战坦克、"帕拉丁"PIM 自行榴弹炮、UH-60M"黑鹰"直升机、AH-64E"阿帕奇"直升机（再制造）、CH-47G"支奴干"直升机等传统装备的采购和升级改造全面减少，如 AH-64E"阿帕奇"的再制造数量从 2021 财年的 50 架减至 2022 财年的 30 架，经费也从 7.92 亿美元降至 5.04 亿美元，降幅接近 40%。

与传统装备采购数量和经费的下降不同，精确打击导弹、下一代班组武器、综合视觉增强系统等六大项目群相关的装备采购总体呈现增长态势，如精确打击导弹采购数量从 2021 财年的 30 枚增至 2022 财年的 110 枚，相应的预算也从 4990 万美元增至 1.66 亿美元。

三、几点认识

（一）美国陆军预算侧面反映了美国陆军重心的转移

2022 财年美国陆军预算中，取消了海外应急行动资金，取代这类预算的直接和持久应急资金也比 2021 财年海外应急行动资金明显降低，同时 2022 财年，美国陆军新申请了太平洋威慑计划预算支持美军印太司令部相

关行动。这证实了美国陆军海外行动的重心逐渐从阿富汗和伊拉克等向印太地区转移。

（二）美国陆军现代化进程有序推进

美国陆军传统武器装备采购数量和经费的大幅减少，六大项目群相关装备研制经费、采购数量与经费的增加，以及六大项目群项目成熟度的提升都说明美国陆军现代化的进展正在按计划有序推进，使美国陆军装备建设与其多域部队及能力建设相匹配，加速陆军向多域部队转型。

（中国兵器工业集团第二一〇研究所　胡阳旭）

国外瞄准实战加快开展无人装备作战试验与演习

2021年，美俄等国连续开展无人装备作战试验和实战演习，推动无人装备技术发展向实战化运用迈了一大步。这些作战试验与演习包括：无人车射击试验、协同侦察、半自主后勤保障、协同作战能力演示；无人机目标自主跟踪、拦截、空中加油试验、自主侦察、协同作战能力演示；无人水面艇发射导弹试验等。作战试验与演习表明，多项无人装备技术已进入作战试验阶段，即将投入实战运用，这将对武器装备发展、作战能力提升、作战样式产生重要影响，全面支撑未来智能化作战。

一、无人装备试验情况

当前美国、俄罗斯等国积极开展无人装备作战能力试验和实战演习，完成了无人装备火力打击/支援能力、后勤保障能力试验，以及无人装备自主侦察、半自主后勤保障、协同作战能力演示。

（一）地面无人装备进行实弹射击试验并参与实战演习

一是美国陆军轻型机器人战车完成遥控射击试验。2021年5月，美国陆军轻型机器人战车进行了遥控射击"标枪"反坦克导弹试验,并成功命中目标(图1)。该机器人战车是由奎奈蒂克北美公司和普拉特米勒公司团队的远征模块化自主车,质量不到10吨,有效载荷3175千克,最大公路速度64千米/小时,配装康斯伯格防务与航空航天公司"标枪"-J通用遥控武器站,可遥控射击"标枪"反坦克导弹,用于应对多种威胁,满足反无人机、近程防空、反装甲、机动支援、有人无人协同等作战需求。

图1 轻型机器人战车

二是美国陆军在"会聚工程-2021"演习测试无人车自主侦察、半自主后勤保障能力。2021年10月12日至11月10日,美国陆军在"会聚工程-2021"演习中试验多款无人车。一是采用战术机器人控制器控制远征模块化自主车,该无人车可在有限人机交互下与无人机协同执行侦察任务;二是"起源"无人车配装"标枪"-J通用遥控武器站,可发射"标枪"反坦克导弹,该无人车可与搭载的系留式四旋翼无人机协同执行火力打击、火力支援任务;三是利用配装引导-跟随组件的战术轮式车,执行半自主后勤运输任务,可为有人车队提供半自主后勤保障能力(图2)。

图 2 "起源"无人车（a）和远征模块化自主车（b）

三是俄罗斯首次在"西方-2021"演习中将无人战车编配常规部队编队。2021年9月，俄罗斯首次在"西方-2021"演习中为常规部队编队编配"天王星"-9和"涅列赫塔"无人战车，这两款无人战车在战斗行动中摧毁了3000~5000米距离内的模拟士兵和车辆目标（图3）。"天王星"-9无人战车配装9M120"攻击"反坦克导弹、9S846"射手"防空导弹发射器、2A72式30毫米自动炮、7.62毫米并列机枪，可用于机动突击任务。"涅列赫塔"配装7.62毫米机枪，主要用于火力支援、侦察、后勤保障任务。

（二）无人机进行目标自主跟踪、拦截、空中加油试验并参与实战演习

一是美国"复仇者"无人机进行目标自主跟踪试验。2021年7月，美国通用原子航空系统公司"复仇者"无人机，首次利用洛克希德·马丁公司"军团吊舱"模块化红外搜索与跟踪系统，在加利福尼亚南部沙漠地带进行了目标自主跟踪试验（图4）。"军团吊舱"探测到目标区域内飞行的多架飞机目标，将目标跟踪信息传至"复仇者"无人机自主引擎，自主确定跟踪目标优先级，并告知"复仇者"无人机如何与目标机动交战。

重要专题分析

图 3　俄罗斯"天王星"-9 无人战车

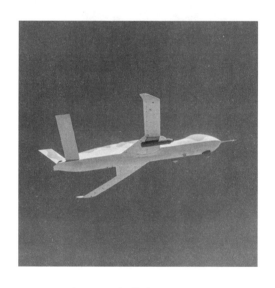

图 4　"复仇者"无人机

二是以色列使用"苍鹰"无人机成功拦截无人机。2021 年 8 月,以色列罗博蒂坎公司使用"苍鹰"无人机为美国国防部非正规战技术支持局演示了自主无人机拦截能力。演示中,首先对手无人机从偏远位置发射,入

119

侵"苍鹰"无人机防护禁飞区，随后由智能巢发射台发射"苍鹰"无人机（图5），最后该无人机使用特制网捕获对手无人机，并将其运送至预定区域进行安全处置，不会造成附带损伤。无人机从发射到着陆全过程实现自主操控，所有目标均被成功拦截。

图5 智能巢发射台发射"苍鹰"无人机

三是美国海军MQ-25"黄貂鱼"舰载无人机完成多平台空中加油试验。2021年6月，美国海军MQ-25"黄貂鱼"舰载无人机首次为F/A-18F"超级大黄蜂"舰载战斗机加油，分别在3048米高空加油136千克、在4572米高空加油11千克；8月，该无人机完成与E-2D"先进鹰眼"预警机空中加油飞行试验；9月，该无人机完成与F-35C"闪电Ⅱ"战斗机空中加油飞行试验。F-35C"闪电Ⅱ"战斗机以416千米/小时校准空速在3048米高空完成了与MQ-25"黄貂鱼"无人机的编队评估、尾流测量、锥管追踪和对接科目（图6）。

四是美国陆军在"会聚工程-2021"演习中测试多款无人机技术。"会聚工程-2021"演习中，美国陆军测试了"西风"超高空无人机、MQ-1"灰鹰"无人机、四旋翼无人机、空射无人机（图7）。一是测试"西风"

(a) MQ-25"黄貂鱼"为
F/A-18F"超级大黄蜂"
战斗机加油

(b) MQ-25"黄貂鱼"为
E-2D"先进鹰眼"
预警机加油

(c) MQ-25"黄貂鱼"为
F-35C"闪电"Ⅱ
战斗机加油

图 6　空中加油

(a) "西风"超高空无人机

(b) MQ-1"灰鹰"无人机

(c) 四旋翼无人机

(d) 空射无人机

图 7　"会聚工程 - 2021"演习测试无人机

超高空无人机,该机是英国空中客车公司研制的太阳能无人机,翼展25米,质量不到75千克,飞行高度约2.2万米,利用先进光学地球观测系统成功将地球观测图像传输至地面控制站;二是测试 MQ - 1 "灰鹰"无人机新的控制方法，包括在战场用单兵便携式计算机而非大型地面控制站进行控制；三是作为联合全域指控的一部分，测试四旋翼无人机自主侦察能力；四是美国陆军UH-60"黑鹰"直升机作为未来攻击侦察飞机代用型，搭载新型模块化空射无人机飞行。

（三）海上无人装备进行导弹发射试验

2021年9月，美国海军"游骑兵"无人水面艇首次完成导弹发射试验（图8）。该无人水面艇配装运输集装箱，其内有四个导弹发射器，在演示中发射了一枚SM-6导弹。该导弹是全能型导弹，可与无人机、飞机、巡航导弹和弹道导弹交战，可以攻击敌方军舰，速度以马赫数3.5对其发起攻击，并使用杀爆弹连续打击电子设备和武器系统。

图8 "游骑兵"无人水面艇海上发射导弹

二、特点分析

国外无人装备作战试验与实战演习重点聚焦无人装备火力、自主后勤保障能力试验、作战编配和作战样式演示，呈现出无人装备实战化发展趋势，具有集成火力、自主后勤保障、协同作战能力的发展特点。

（一）聚焦无人装备火力试验

国外在役无人装备中，多数无人装备不具备火力，主要用于排爆、情监侦、后勤保障任务，仅大型长航时察打一体无人机配装了武器系统，具备火力打击、火力支援能力。近期实施的美国陆军机器人战车首次试射"标枪"反坦克导弹、美国海军"游骑兵"无人水面艇首次完成导弹发射试验，表明美军无人装备使命作战任务从辅战向主战领域拓展，加快发展无人火力打击、火力支援能力。美国陆军早在2017年《机器人与自主系统战略》中提出，"远期利用无人战车提高部队机动性，增加旅战斗队作战能力"的发展目标。同样，美国海军加快发展无人打击能力，为"游骑兵"集成导弹，提供反舰能力。

（二）聚焦自主后勤保障能力试验

后勤保障是无人装备近年来大力拓展的任务领域，从遥控后勤保障向半自主后勤保障、自主后勤保障方向发展，可遂行自主运输、自主机油任务。近期实施的美国陆军利用配装引导-跟随组件的战术轮式车在"会聚工程-2021"演习中执行半自主后勤运输任务，以及美国海军MQ-25"黄貂鱼"舰载无人机的空中加油试验表明，美国陆军将利用无人运输车来降低徒步士兵后勤保障负担，提高部队的灵活机动能力，海军利用无人加油机可大幅增加武器装备续航时间，拓展续航里程，提供前沿作战能力，实施近距空中支援作战。

（三）聚焦无人装备协同作战能力演示

美国陆军围绕多域作战能力建设，以六大项目群为牵引，全面推进无人装备建设。近期美国陆军在"会聚工程-2021"中，在有人/无人协同方面利用UH-60"黑鹰"直升机搭载模块化空射无人机协同执行作战任务；

在无人装备协同方面，远征模块化自主车与无人机协同执行侦察任务。俄罗斯"天王星"-9和"涅列赫塔"无人战车在"西方-2021"演习中编配常规部队编队，与有人装备协同执行作战任务。

三、几点认识

美俄等国利用作战试验与实战演习手段，全面推动无人装备实战化运用，未来无人装备将用于火力打击、火力支援、后勤保障任务，以协同/集群样式支撑联合作战。

（一）无人作战装备将成为主战装备

美俄等国致力于无人打击能力建设，无人战车、攻击型无人艇等无人作战装备正进行火力试验，未来将会编配部队投入运用，并作为主要作战装备参与作战，全面实施机动突击、防空、反舰、作战，提升部队作战能力和士兵生存力，变革作战样式，改变作战规则。

（二）无人后勤装备将成为重要补给装备

美军大力发展无人后勤装备，陆军利用无人运输车、无人运输机执行战场后勤补给任务，降低徒步士兵后勤保障负担，提高部队的灵活机动能力；海军利用无人加油机对战斗机、预警机进行空中加油，可大幅增加武器装备续航时间，拓展续航里程，提供前沿作战能力，实施近距空中支援作战。

（三）无人装备将优先实施编队协同作战

美俄等国均提出现阶段优先发展有人无人协同、无人装备协同技术，以编队协同作战样式加快无人装备编配运用。美国陆军"会聚工程-2021"中，轻型机器人战车与无人机协同执行侦察任务，UH-60"黑鹰"直升机搭载新型模块化空射无人机协同执行任务。"西方-2021"演习中，俄罗斯"天王星"-9和"涅列赫塔"无人战车实现编队协同作战。

（四）作战试验与作战演习成为加速无人装备实战化的手段

当前无人装备已成为高度集成人工智能、自主技术等前沿科技的创新作战平台，其采办和运用需要采用不同于传统有人装备的创新模式，尤其是技术发展需要多次迭代升级，以确保发展弹性。作战试验与演习成为无人装备作战能力和重要技术测试手段，如空射无人机经过多轮次技术迭代，发展为可多平台发射、精确打击的多域作战装备。

（中国兵器工业集团第二一〇研究所　王桂芝）

美国可重构仿生机器人技术发展分析

2021年，美国乔治亚理工学院等机构在陆军研究办公室和国家科学基金会的资助下，连续取得可重构仿生机器人技术多项重要研发成果，包括群体动力学研究、编程控制研究、集群演示研究，表明美国在该技术领域的快速发展与成熟。

一、概念及特点

可重构仿生机器人是在模块化机器人研究基础上发展而来，按照生物自然进化规律，模仿生物群体智能，根据任务需要实现动态分解与重构的先进机器人集群系统，属于世界无人系统发展领域的前沿和颠覆性技术。

可重构仿生机器人与单一平台的传统机器人相比，具备三个显著特点：一是在结构上模块化，每个模块单元由信息处理器、传感器、致动器、连接器等部件构成，各模块单元间可实现自组织；二是功能多样性，可通过重构变形执行越障机动、物资搬运、人员防护、隐蔽进攻等任务；三是在可靠性上具备鲁棒性和自修复能力，每个模块单元相对独立，某个单元的损毁不影响整体功能。

1988年，美国卡内基·梅隆大学研制的可重构模块化机械手被认为是第一台原理性样机。同年，日本学者提出新的动态可重构机器人系统概念。经过30多年发展，可重构机器人主要归为三类：一是需要外界参与才能重构的机器人；二是通过独立模块自主构型的可自重构机器人；三是模块连接后再变形重构的变形机器人。其中第二类可自重构机器人借鉴了生物学集群原理，是当前研究重点。

二、发展动向

（一）新研发多种可重构机器人集群原型

2021年2月，乔治亚理工学院通过研究蠕虫纠缠成团来减少个体表面水分蒸发、提高群体生存机会的行为，把类似群体动力学原理用于小型机器人集群，并演示仅利用每个机器人对光强的吸引力和机械相互作用，就能控制整个机器人集群的能力，最终帮助集群依托简单通信的情况下协同完成个体无法单独完成的任务。4月，乔治亚理工学院领导的团队创造出一系列构造简单的小型机器人BOBbots（图1），并利用这些机器人测试先前提出的理论抽象概念和数学模型，经测试和模拟找到控制机器人聚集和分解的参数，最终使机器人集群无需复杂通信或计算，能随机重构并集合个体的力量，实现整体具备包围、抓持、驱动异物的能力，完成类似蚂蚁协作搬运食物的任务。10月，乔治亚理工学院与圣母大学合作，再次创造出一种自重构多腿机器人集群（图2）。多个低成本四足机器人通过磁连接器彼此相连，聚集构成类似蜈蚣的更大机器人。当单个机器人单元遇到障碍时，可"召唤"其他机器人聚集成整体，完成越障、搬运等机动性任务。

图 1　乔治亚理工学院 BOBbots 协作搬运物体

图 2　乔治亚理工学院自重构多腿机器人演示

（二）获美研究界和军方长期支持

美国国家科学基金会和军方长期支持可重构仿生机器人研究。例如，美国国家科学基金会集成有机系统分部和材料研究分部多个项目涉及该技术领域；DARPA 在 2006 年推出的"可编程物质"项目、2011 年启动的"最大移动性和操控性"项目，以及 2017 年开始的"变形设计"项目均包括开发可重构机器人概念；美国陆军研究办公室自 2004 年以来，在"多学科大学研究计划"中多次布局相关技术研发。2008 年，美国陆军和 NASA 资助南加州大学开发可自重构机器人 SuperBot（图 3），其可根据任务调整和意外情况改变形状、大小或队形，能自适应执行多功能任务，其模块化、多功能性、自修复能力和低成本再现性，为在非结构化和动态环境中完成

图3　南加州大学SuperBot可自重构机器人

复杂任务提供一种灵活方法；2015年，美国国家科学基金会资助麻省理工学院创造出M-Blocks可自重构机器人（图4），其每个模块是边长5厘米、带有内部致动器的立方体，多个模块自定位并锁定形成方块堆积结构；2016年，美国国家科学基金会资助康奈尔大学和宾夕法尼亚大学联合研制SMORES机器人（图5），其能通过独立可移动模块重组成多种结构，具较强灵活性和移动性,并在实验中证明了完成挑战性任务的能力;2019年,DARPA 和美国国家科学基金会资助麻省理工学院团队开发一种称作"颗粒"的机器人单元(图6),利用松散耦合部件的统计力学原理成功控制机器人集合体的整体行为,并演示了由多达 20 个"颗粒"组成的物理机器人和由 10 万个"颗粒"组成的模拟机器人的移动、物体运送和趋光性能力。

图 4　麻省理工学院 M – Blocks 可自重构机器人

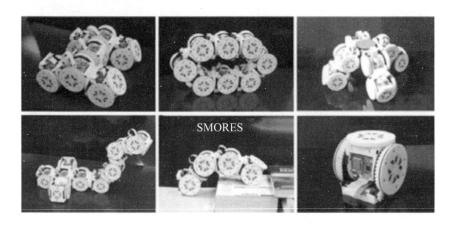

图 5　SMORES 机器人

重要专题分析

图6　麻省理工学院"颗粒"机器人单元

三、技术趋势

(一)发展受供能、自主性等技术的限制

可重构仿生机器人采用创新概念和基于仿生重构的技术途径,涉及仿生多形态组合体机构结构、基于生物特征的系统修复性重构、动态自分解自组织、基于微小动力单元的协同推进等关键技术。经多年发展,国外正逐步解决这些关键技术,已研发出多种具有不同应用背景的样机,但发展具备实际应用水平的更大集群系统,仍受到电力需求、自主性和机器人制造成本的限制。

(二)先进材料技术为创新带来新可能性

随着先进材料和制造等技术的进步,可重构仿生机器人正朝着高度自适应、智能化的方向迈进，将为军事和商业领域带来系列新可能性。特别是力学超材料、智能变形材料为可重构仿生机器人发展奠定了新的物质基础，可能颠覆当前机器人科学技术范式。美军在材料创新方面已取得重大进展，如2020年美国陆军与大学合作，开发可3D打印的智能聚合物，实现可编程形状、外界触发变形、按需变换刚柔度、温度和光刺激自修复等多种性能，有望用于建造未来可重构军事平台，为机器人提供变形能力；美国陆军也与麻省理工学院合作，创造出连接力学超材料的新方法，把各种力学超材料整合为一体，形成动态可重构的大型结构，实现模块化材料设计、根据场景定制功能等，为通过多机器人构建军事系统开辟了可能性（图7）。

图7　由力学超材料构建可重构机器人

四、几点认识

（一）可重构仿生机器人将突破单一平台固化的结构模式，通过重构实现传统机器人难以企及的作战机动性

可重构仿生机器人的单元系统能变换形状、形态和功能；集群系统能重构成整体结构，模仿蚁群搭桥、搬运等行为，协力跨越河流沟谷和运送物资伤员等；集群系统还能根据战场空间地形进行自适应变形，通过崎岖复杂地形和狭窄受限空间（图8、图9）。

图 8　蚁群搭桥

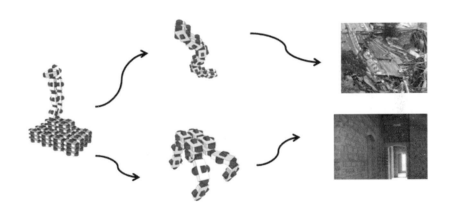

图 9　可重构机器人应用场景概念

（二）可重构仿生机器人能按战场需要聚集和分解，通过分布式作战和聚合式攻坚灵活发挥最大作战效能

可重构仿生机器人的每个单元都可作为独立作战平台，随机数量组合也是作战平台；在受到威胁预警、正面袭击时，分解为多个子单元，降低正面应对袭击的难度，最大限度地保持生存性；在执行渗透破袭任务时，其多个子单元易于空投或发射投送，并在交战区迅速形成集群能力，发挥伪装、奇袭等效能；在执行机动时，其子单元可快速构成更大柔性变形平台，大幅提升越障机动性、机动速度和协同输运能力。

（三）可重构仿生机器人能克服单一平台脆弱性，通过重构快速恢复战斗力并增强部队生存性

单一机器人平台的脆弱性在于，即使部分损毁，很难快速恢复作战效能。可重构仿生机器人技术借鉴生物系统强大的自组织生物学原理，使系统能像组织细胞一样进行自组织和自修复，其他单元快速代替失效单元的功能，实现毁损修复和战斗力恢复，即某个单元失效并不影响整体性能。美军还提出可重构机器人用作灵活机动装甲的防护概念，把多个低成本小型机器人重构成可自修复的"移动护盾"，伴随保护部队机动。

（四）可重构仿生机器人技术或将在未来 10~20 年内成熟，对传统战役战术方法形成技术突袭

美军关注此技术已近 20 年，一些实验室演示样机早已被报道，近年来更是与人工智能、自主技术、材料科技的发展相得益彰，密集涌现创新成果。美国陆军已将可重构仿生机器人概念纳入 2020—2040 年部队移动和机动概念，表明很可能在未来 10~20 年内创造出可部署的系统。可重构仿生机器人一旦形成战力，将如同"战场幽灵"般变幻莫测，成为可灵活部署、反复再生和重构、在复杂环境和多任务模式下具备高生存性的不死战神，将对传统战役战术方法形成技术突袭，对未来战争模式产生颠覆性影响。

（中国兵器工业集团第二一〇研究所　王勇）

美国陆军"会聚工程"积极应用人工智能技术

2021年10月12日至11月10日,美国陆军联合其他军种开展了"会聚工程-2021"作战实验,会聚行业精英、科学家、工程师等积极推进人工智能、自主系统等先进技术在未来战场的应用,旨在追求人工智能和机器学习赋能的战场管理。作为5大关键变量之一,人工智能的应用贯穿整个作战实验,包括态势感知、任务规划、快速打击、目标识别、精确保障等方面。

一、"会聚工程-2021"作战实验简介

"会聚工程-2021"面向未来高端战争、军事智能化变革,以中俄等大国对手为假想敌,以印太地区第一、二岛链为作战区域,构设未来高端战争7种典型作战场景,对新概念、新体系、新部队、新方式等进行系列作战实验。陆军第一多域特遣部队、第82空降师、海军、空军、海军陆战队等各方力量约7000人参加了此次跨军种、跨部门、跨军地的联合行动。"会聚工程-2021"分为内场虚拟实验、外场综合实验2大阶段,内场虚拟实

验从 2021 年 1 月持续至 10 月，10 月 12 日至 11 月 10 日开展了外场综合实验。

二、美国陆军通过作战实验深入探索人工智能技术军事应用

作为美国陆军最重要的事项，"会聚工程-2021"作战实验将人工智能列为 5 大关键变量之一，推进人工智能、机器学习在未来战场的运用，以在竞争和冲突中战胜对手。"会聚工程-2021"广泛应用人工智能，包括赋能侦察探测、传感器数据智能分析处理、智能辅助决策以及人工智能赋能攻击等。

（一）为火力打击任务提供辅助决策

美国陆军开发"火力风暴"系统和"同步高作战节奏弹目匹配"（SHOT）系统辅助火力打击，用以缩短火力协作和从初始感知到击毁目标的杀伤链时间。

"火力风暴"系统是通过人工智能算法实时地对不同侦察数据以及目标坐标信息进行处理和分析，并将所有的变量与数据库进行对比，分析各自之间关系，生成分析结果，匹配打击特定目标所需的最优武器，生成火力打击方案，并更新通用作战图和敌我态势信息，实现弹目协同。"火力风暴"系统在"会聚工程-2021"前进行了升级，包括将决策点升级为决策树模型，使用更先进的算法进行空域管理，运用范围扩大到整个联合部队，将与近 20 个系统进行集成，辅助对象可以上至联合部队指挥官，下至坦克手，与"奈特勇士"系统进行集成，运行终端为 Linux 的平板电脑，为分布式、多类型传感器的信息共享以及从传感器到射手的指控链路进行赋能。

"同步高作战节奏弹目匹配"系统是从"普罗米修斯"系统接收数据快

速融合，设定目标选择标准、攻击制导参数、火力支援方案等，利用人工智能来选择最佳目标实施打击，缩短火力协作和从初始感知到击毁目标的杀伤链时间。该系统下一步将实现从卫星接收情报数据功能，并将与美国陆军"战术情报目标接入点"地面站进行集成，未来可能与"火力风暴"系统进行整合。

（二）提高地面装甲瞄准和杀伤能力

"先进目标瞄准和杀伤辅助系统"（ATLAS）是美国陆军借助人工智能研发的具备自动探测威胁并推荐打击方案的坦克辅助系统。美国陆军在"会聚工程-2021"演习中对新坦克系统进行测试，依托坦克、装甲车辆，加装人工智能赋能的车载威胁感知与自主瞄准系统，及时感知、识别威胁，自主控制炮塔转向、瞄准目标，自主选择穿甲弹、破甲弹等多种弹药，辅助操作员实施决策。从目标探测到扣动扳机的整个过程只需几秒钟，一旦目标被摧毁，操作员只需触摸屏幕即可选择拾取的下一个目标，有效地提高了地面装甲生存和快速杀伤能力。

（三）辅助情报分析处理

"普罗米修斯"系统是美国陆军人工智能特遣部队和情监侦特遣部队共同开发的人工智能软件，在"会聚工程-2020"中首次亮相，大幅加速情报处理过程。其核心功能为通过大量数据对比，从图像中发现目标，甚至是伪装和隐藏的目标。在情报领域，人工智能进行的图像识别准确率可高达97.3%。人工智能可有效地理解作战环境，提供及时、准确、实用的情报，提升各种指控决策流程的效率，使指挥官"能够以资料检索的速度做出决策"。该系统颠覆了传统美国陆军使用本土的分析师团队进行情报数据处理的模式，大幅缩短了目标发现与定位的时间。

(四) 辅助战役级战场目标识别

在"会聚工程-2021"期间,美国陆军同步开展"猩红飞龙"作战实验,运用人工智能技术识别目标,扫描美国东部沿海7200千米^{2}区域;运用国防部研制的"专家工程"(Maven)人工智能软件,在0.9米^{2}大小的区域内,寻找、识别出指定目标,随后投放2枚制导炸弹摧毁目标,该演习成果被纳入陆军"会聚工程"。利用人工智能显著提高瞄准速度与精度的能力,将联合系统、射手、传感器相结合,形成统一的战场管理系统,下一次实弹射击将侧重于以数据为中心。

三、人工智能在作战实验中的典型应用场景

"会聚工程"是一次了解人工智能和自主性如何改变美国陆军未来战斗方式的实验性项目。人工智能贯穿"会聚工程-2021"作战场景,旨在追求一个人工智能和机器学习赋能的战场管理系统。

(一) 赋能联合全域态势感知

依托多域特遣部队,基于"搜集、处理、分析"侦察感知流程,打造人工智能、机器学习技术的关键赋能器,以"战术情报目标接入点"系统为中心,链接陆海空天网多域典型传感器,运用"普罗米修斯"等人工智能情报分析处理系统,实现"AI在回路中"的多域战场情报实时处理,辅助生成通用作战态势图,强化从竞争到冲突升级过程中的全域态势感知能力。

(二) 赋能联合火力打击

采用"火力风暴""同步高作战节奏弹目匹配"等人工智能辅助决策系统,跨军种实时共享目标信息,基于通用作战态势图,融合各作战域软硬

杀伤手段，生成联合火力打击方案，确定优先和重点打击目标，联合打击、深度毁伤对手"反介入/区域拒止"系统。人工智能赋能联合火力打击可有效缩短杀伤链时间，降低指挥官认知压力。

（三）赋能地面突击作战

采用"先进目标瞄准和杀伤辅助系统"，以装甲指挥车为中心，提高装甲突击集群战场感知范围、感知速度、感知灵敏度，运用感知优势，指挥装甲突击力量灵活实施行动，依托坦克、装甲车辆，加装人工智能赋能的自主瞄准系统，及时感知、识别威胁，自主控制炮塔转向、瞄准目标，自主选择弹药，辅助操作员实施决策。人工智能赋能下的地面装甲突击作战，利用敏捷战场感知优势，变革地面机动、突击作战方式。

四、结束语

从"会聚工程-2021"作战实验内容研探，无论是当前还是未来，联合全域作战都是人工智能的逻辑着陆点，重点关注态势感知、目标识别、任务规划、快速打击、精确保障、网电攻防、认知对抗等关键领域。人工智能虽然是战争体系的一个局部，但由于其"类脑"功能和"超越人类极限"的能力越来越强，正在加速赋能未来作战，必将主宰未来战争全局。

（中国兵器工业集团第二一〇研究所　龚超安）

俄罗斯无人与反无人作战力量建设

2021年9月,英国《每日邮报》报道称,俄罗斯陆军正在组建装备"天王星"-9战斗机器人的新部队,且指出俄军首批将列装20个"天王星"-9战斗机器人。近年来,俄军建立和完善了无人作战力量并运用于实战,与此同时俄军还积极开展反无人力量建设。

一、俄罗斯无人作战力量建设

为适应无人化战争的需要,俄罗斯投入大量科研力量和资金进行无人军用系统的科技攻关,推进无人作战系统在军事行动与安全领域中的应用。基于无人作战系统在战争中的作用,普京总统于2017年亲自呼吁为俄军打造"自主机器人战队"。为有效制衡战略对手、营造有利地区安全态势,俄罗斯多措并举推动无人作战力量建设,无人作战力量研发总体呈现全方位发展态势。

(一)建立和完善无人作战发展管理机构

2008年俄格战争后,俄罗斯开始注重在国家层面对无人作战系统的发展进行总体规划。2012年，成立无人机航空兵发展局，负责无人装备研发生产和部队规划运用。2014年，成立机器人技术科研试验中心，主要开展军用机器人技术综合系统的试验。2015年，成立国家机器人技术发展中心，主要进行监管和组织军用、民用机器人技术领域相关工作。

（二）加紧研发新技术新装备和作战测试

俄罗斯加速推进无人作战力量建设，如今其无人机数量已经超过2000架。俄罗斯军事航天科学院工作人员在"军队-2021"军事技术论坛期间表示，该院已研发出无人机神经网络新算法。"这是人工智能算法方面的创新。算法在使用神经网络方面采用'超清晰度'原则，通过人工智能建立目标三维模型。用四轴飞行器进行了测试，对一辆市内行驶的汽车进行跟踪。"

目前，俄罗斯正在研制空射型"蜂群"无人机，其母机具备发射和回收能力。此外，俄罗斯还加紧作战测试。经过多年研发和试飞，代号为"牵牛星"的新型察打一体无人机，于2021年夏季进行了包括精确打击导弹在内的全套"空中军火库"测试。该无人机可对敌方装甲车、部队集结地域、炮兵阵地等目标造成重大杀伤。另外，该机配备卫星通信和人工智能系统，便于与有人驾驶战机进行信息交互。对于无人机在俄军中的大量运用，俄军的整体实力得到加强，并且在战场上对无人作战系统的高效运用，将引领俄军进入智能化战争时代。

（三）组建无人作战部队

俄罗斯已基本建成从无人地面战车、无人潜航器到无人机的立体化无人装备体系，无人自主技术已经成为俄军中长期的发展重点，其在无人作战力量上的重大突破，正在引领俄军进入智能化战争时代。俄军驻叙利亚部队专门组建了由空天军驻赫梅明空军基地无人机大队、海军驻塔尔图斯海军基地无人机大队和陆军无人机连组成的无人机战斗群。战斗群中先后部署了"副翼"-33SV、"海雕"-10、"前哨"等多型无人机,主要遂行营救机组人员、空中侦察与监视、火力打击毁伤评估和电子干扰等任务。

2021年9月,英国《每日邮报》报道称,俄罗斯陆军正在组建装备"天王星"-9战斗机器人的新部队,且指出俄军首批将列装20个"天王星"-9战斗机器人。依据《2025年前未来军用机器人技术装备研发》专项综合计划,俄罗斯将于2025年"完成战斗机器人开发和测试",组建可独立执行战斗任务的多功能机器人部队。预计到2025年无人地面系统在俄军装备结构中的比例将达到30%。俄国防工业部门人士称,这些机器人部队将能实现最大限度的自动控制,很少需要人工干预,基本能完成战场上绝大部分作战任务。这不仅将改变俄军的作战形态,也会对未来战争的模式产生深远影响。

(四)加紧人员培训、加大演训力度

俄罗斯《消息报》网站称,俄罗斯国防部正着手培训无人机部队指挥官。作为试点,第一期培训课程将在梁赞高等空降兵指挥学院展开。值得注意的是,此前俄罗斯并未设置类似军事专业。学员的学制5年,毕业后将负责各兵种的无人机连和排的作战指挥。如果梁赞高等空降兵指挥学院的试点取得成功,俄罗斯国防部将考虑在其他高等军事院校展开这一培训。此外,俄军还加大演训力度。俄西部军区在2021年8月底开启一场大规模无人演习,共有约450架无人机参演,其中包括"猎户座"无人机和"前哨"无人机。演习旨在提高无人机的机动性和相关部队的作战能力。演习期间,俄军首次演练在无可用机场的条件下,重型军用无人机在高速公路上起降。

二、俄军无人作战力量作战运用

经过历次战争的战场实践,俄军在无人机力量建设发展方面不断取得突破。俄军无人机的作战运用主要集中于侦察监视、精确打击、数据传输和电子信号识别等方面，特别是无人机能够实施昼夜不间断的航空侦察，参与电子战，对敌重要目标实施打击，为武器打击目标提供制导信息和验证目标打击效果。在叙利亚战争中，俄军无人机有着亮眼的表现。

2015年12月，叙利亚政府军在俄军战斗机器人强力支援下，成功攻占"伊斯兰国"武装分子控制的拉塔基亚754.5高地。俄军投入一个机器人作战连，包括6部"平台"－M履带式战斗机器人、4部"暗语"轮式战斗机器人、1个"洋槐"自行火炮群、数架无人机和一套"仙女座"－D指控系统。战斗打响后，无人机首先升空，将战场情况实时传送到俄军指挥系统。战斗机器人在操作员操纵下发起集群冲锋，抵近武装分子据点100~120米后，用机枪、榴弹和反坦克导弹进行攻击，叙利亚政府军则在机器人后150~200米相对安全的距离上肃清武装分子。遇到坚固火力点时，"洋槐"自行火炮群根据无人机和机器人传回的画面，实施精确炮击，彻底摧毁目标。一边倒的猛烈打击令武装分子毫无还手之力，77名武装分子被击毙，参战的叙政府军只有4人受轻伤。此战规模虽不大，但凸显了战斗机器人的巨大优势。纵览战争历史年鉴，这是无人战车第一次真正意义上的实战，并取得了令人震惊的作战效果。

俄罗斯防空部队成功抵御大规模无人机袭击。2018年1月6日凌晨，俄罗斯防空部队发现13个小型空中目标向俄罗斯驻叙利亚海空基地快速移动，其中10架无人机飞近赫迈明空军基地，3架飞近塔尔图斯港补给站。俄军立刻采取反制措施——实施灯火管制并对来袭无人机发动电磁攻击和火力打击。电子战部队干扰迫降了6架，剩余7架则被"铠甲"－S弹炮合一防空系统全部击落，俄军人员装备没有任何伤亡损失。这是恐怖分子对俄基地发动的一次无人机蜂群攻击。俄军专家组对俘获的无人机进行分析后发表声明称，恐怖分子使用的无人机，是外表故意做旧的高新武器。这些无人机呈现出三大高新技术特点——机载航弹新、飞控技术新、集群战法新。面对这一高技术恐怖袭击，俄军交出了合格答卷。

三、俄罗斯反无人机作战力量建设

为加速反制力量建设，俄罗斯正在建造用于打击无人机的激光系统。2021年6月，俄罗斯海军陆战队首支反无人机分队进行了一场公开反无人机专业演练，引发外界关注。作为近年来新组建的新型作战部队，反无人机力量在俄军建制内已成规模部署，对于遂行现代战争中特种任务、应对空天安全新威胁具有积极意义。这意味着，俄军在铸就锋利的"矛"的同时，还将加速构建坚固的"盾"，打造"攻防兼备"的无人作战体系。

（一）俄军建制内已成规模部署反无人机力量

俄军高层十分重视反无人力量建设，俄罗斯国防部长绍伊古表示，俄军在叙利亚武装冲突中获得的最重要经验，是发展自身反无人机部队，形成具有俄军特色的反无人机作战力量体系。俄罗斯联邦武装力量总参谋长格拉西莫夫多次在公开场合表示，无论是现代战争实践，还是现实安全威胁，均要求俄军加快反无人机力量建设步伐，这是"混合战争"中不可或缺的要素。

俄罗斯国家杜马通过反无人机法案，允许军队和联邦强力部门对"威胁社会和国际安全"的无人机实施拦截与摧毁，并明确军队在反无人机作战中的相关作用。国防部直属第4中央研究所防空科研中心牵头多家军工企业，成立反无人机项目部门，对美国等西方国家无人机进行拆解分析。目前，该项目小组已对西方近10款军用和商用无人机的导航系统、电子载荷、数据传输和指控系统形成反制思路。有报道称，伊朗能在中东地区两次成功欺骗俘获美大型军用无人机，就受到俄军反无人作战理论的影响。此外，"时代"军事创新科技园将反无人机技术作为重点研究领域，先后展示激光对抗、有人无人协同反制和信息干扰等试验成果。

目前，俄罗斯已在大部分军区组建反无人机部队。其中，东部军区第35集团军最早组建反无人机混编大队，下辖3支战术分队分别部署于阿穆尔州、犹太州和哈巴罗夫斯克边疆区，主要装备电子战和狙击装备，对空中无人目标实施反制行动；西部军区部署全军首支常备反无人机专业电子战特种部队；中部军区作为各战役方向的支援力量，已在各兵团筹建反无人机作战小组，小组以电子战和防空力量为主体；南部军区驻南奥塞梯第4基地为首个部署反无人机分队的海外驻地，装备有"克拉苏哈"电子战系统和"铠甲"-S防空系统。

此外，驻叙利亚塔尔图斯海军基地和赫梅米姆空军机场也驻守有反无人机作战班组。军兵种方面，空天军第1防空反导集团军于2019年年底组建无人机对抗勤务部门，负责莫斯科及周边地区的空天安全，并计划在编成内组建反无人机营，统合电子压制、态势侦察和火力毁伤分队；国家近卫军组成反无人机特种分队；海军陆战队此次通过披露演习内容向外界"官宣"反无人机力量的存在。俄国防部宣布，俄军反无人机作战机动分队自2020年就已担负战斗值班任务。

（二）反无人作战装备谱系齐整

在反无人作战方面，俄军结合战场实践，形成火力摧毁与电子干扰相互补充的"软硬结合"杀伤链。资料显示，近3年俄军在叙利亚共拦截和击落近120架各型无人机。其中，以"山毛榉""道尔""铠甲"-S防空系统为代表的"火力网"功不可没。近年来，俄罗斯加快了高炮反无人机作战试验，研制出新型智能炮弹，并为部分防空导弹系统研发小型专用反无人机导弹，提高火力拦截效率。格拉西莫夫表示，在反无人机作战方面，俄军正组建以 S-400、S-350 和"铠甲"-S 防空系统为主力，自行高炮和便携式防空导弹系统为机动补充的"全方位火力网"。

2020 年 2 月，俄罗斯国防出口公司开发出了一种四层反无人机体系。该体系可通过电子战系统和相应的反无人机系统，对 30 千米内 200~6000 兆赫频段的通信、控制和导航信号进行干扰。侦测拦截网层层收缩，可谓密不透风。在 2021 年举行的国防部军工综合体装备成果研讨会上，俄方披露已设计和生产的 19 款新型电子对抗技术设备样品，这些设备进一步丰富了装备谱系。

在应对无人机"蜂群"方面，"汽车场"电子对抗系统以 10 余辆汽车为载体，可同时对飞行高度在 30 米~3 万米的 50 架无人机进行压制；在技术干扰方面，"蔷薇"电子战系统能对来袭无人机进行探测和通信频谱扫描，在 25 秒内作出评估并据此进行干扰；在近程防空方面，"木僵"反无人机电磁枪可使用电磁波技术切断目视范围内无人机传输信道。此外，俄罗斯新亮相的两款反无人机利器"瓦尔代"反无人机系统和"狼"-18 无人机拦截器，在该领域也有独特技术优势。"瓦尔代"反无人机系统集成光电侦察、雷达探测及电子干扰等多种反无人机技术，具备对无人机的一体化攻击能力；"狼"-18 无人机拦截器是一款高速机动的四轴无人飞行器，可释放 3 个捕网发射器捕获来袭无人机。此外，俄罗斯还开发出干扰无人机 GPS 信号的综合电子战系统，目前已部署在叙利亚，用于干扰叙利亚叛军无人机的 GPS 信号。目前，大多数无人机的飞行控制均采用 GPS 卫星导航系统与惯性导航系统相结合的方式。如果干扰无人机的 GPS 信号接收机，会导致无人机只能依靠基于陀螺仪的惯性导航系统，无法获得足够精确的自身坐标数据。如果没有精确的位置信息,借助于照相机和摄像机获得的情报将没有任何价值,此时的无人机顶多是一台会飞的相机。

(三)将无人作战演训融入俄军作战体系之中

如今,俄军加强了无人作战实战运用的教育培训,反无人机课目已成为俄军战备演训中的重要内容。在 2021 年 6 月开启的夏训中,空天军将联合空降兵和陆航部队实施新式反无人机战术训练。此前在南奥塞梯举行的大规模军事演习中,俄军综合运用"克拉苏哈"电子战系统和"铠甲" – S 防空系统,演练应对大规模无人机集群攻击的课目,模拟击落 30 余架来袭无人机。在海军陆战队首次专业反无人机演习中,反无人机分队运用便携式小型雷达有效压制无人机通信导航系统,并使用狙击枪对其进行精确打击。在 2021 年上半年俄军组织的大规模冬训考核中,反无人机作战内容成为各军区必训课目。西部军区在空防演习中,演练"道尔" – M2 防空系统反无人机作战;南部军区演练野战防空部队、舰载机协作反无人机作战,共摧毁 40 架模拟无人机目标;里海区舰队也在跨军兵种演习中举行首次反无人机专业演练。俄军正加大实战化训练力度,逐步构建起反无人机作战体系。

(四)积极探索和积累反无人机实战经验

近年来,俄军在反无人机方面进行了大量的实战化探索,在此过程中逐渐总结出了一些趋于成熟的战法战术,探索出了更加协同的装备体系。2018 年 1 月以来,俄罗斯在叙利亚赫迈米姆空军基地已击落 100 余架来袭的无人机。根据该基地的防护场景,俄军发展出了"电磁金钟罩 + 火力拦截"的战法理念。其利用 3 型地面电子战系统构成一个半径为 30 千米的电磁拒止区域,实施电子侦察,压制无人机的控制链路,关闭半径 30 千米范围内的卫星通信、导航和移动通信信号,然后使用地面火力对其进行拦截打击。

对于野战反无人机，俄军则在演习中展示了"电子侦察干扰＋火力拦截＋烟幕掩护"的新战法。演习中，多架"敌方"无人机进行低空侦察飞行。俄罗斯防空部队的无线电情报中心首先探测到无人机的控制频率，然后电子战部队使用地面干扰站压制无人机的控制和导航通道，接着防空部队使用发烟车释放烟幕，将保护区域和防空系统掩蔽起来，使无人机上的光学和红外传感器无法找到目标。最后，防空部队使用"道尔"－M1和"铠甲"防空系统将剩余的无人机模拟击落。

结束语

随着无人装备大量使用，无人作战力量作为一种新型力量已经登上现代战争战场。在无人化作战力量中，无人作战力量和反无人作战力量作为无人作战领域的一对"矛""盾"已经出现在现代战争的各种战场上，并成为美俄等世界强国军队建设的重要支点，成为撬动战争形态演变的重要力量，对未来战争产生重大而深远的影响。

（国防大学联合勤务学院　季自力　李大光）

美国陆军《统一网络计划》解读

2021年10月,美国陆军发布《统一网络计划》。该计划旨在塑造、同步、整合和管理统一网络,调整人员、组织结构和能力,使美国陆军作为联合部队的一部分,在高度对抗和拥挤的作战环境中,以压倒性优势实施多域作战。

一、背景

美军认为,当今全球安全环境日趋复杂,大国之间将开展长期的战略竞争。技术的快速进步使美国的竞争对手迅速崛起,这将极大削弱美军几十年来所拥有的压倒性优势,阻碍美军的全球力量投射。人工智能、自主系统、机器人、量子计算、蜂窝无线(5G及后5G)和低地球轨道(LEO)卫星等技术将持续改变作战行动,形成更快速、更致命的分布式战场。在这种背景下,美国陆军开始进行转型,核心是实现多域作战,即拥有在多个作战域(陆、海、空、太空和网络)的行动、竞争和作战能力,转型目标是到2028年具备初步的多域作战能力,到2035年具备完备的多域作战能力。

网络现代化是推动美国陆军转型的重要驱动力。近年来，随着综合战术网（ITN）能力集的逐步部署，美军在战术网现代化方面已经取得了较大的成就，但在战略和作战层级的企业网现代化明显滞后，这造成了美军战术网和企业网的割裂。未来，具备多域作战能力的陆军必须拥有一个统一网络，使其能够作为联合部队的一部分，在全域、全环境中跨所有地形和所有作战功能进行作战。美国陆军需要制定统一网络计划，对美国陆军各项网络现代化工作进行整合和协调，并提供多域作战所需的网络。

二、主要内容

《统一网络计划》阐述了三方面问题：统一网络的概念内涵、构建统一网络的必要性，以及统一网络的实现途径。

（一）统一网络的概念内涵

根据《统一网络计划》的描述，美国陆军统一网络是一种抗毁的、安全的端到端网络，能够使美国陆军与联合/联军部队、盟军及合作伙伴一起，在大规模作战行动中与任何对手进行竞争，必要时进行作战并且获胜。统一网络必须具有弹性、可防御、可机动，使指挥官能够实现决策优势，在确切的时间和地点达成动能和非动能效果。

美国陆军《统一网络计划》全面涵盖陆军信息技术和网络，包括从战场最前沿直到哨所、营地和兵站的所有硬件、软件和基础设施。统一网络采用通用操作环境、服务基础设施和传输层，以及统一网络运行和网络防御能力，支持在开展多域作战所需的所有密级的网络上进行情报处理，支持国家、战略和战术层级之间的情报操作，支持远程精确火力所需的深度态势感知。例如，统一网络可为后勤行动提供非密网络，为任务指挥和火力系统提供保密能力。

通用操作环境（COE）。通用操作环境提供计算技术和标准，使安全和可互操作的应用能够以战争所需的速度处理数据，允许指挥官利用快速数据驱动的决策工具，从世界任何地方指挥分布式部队。它提供必要的通用信息服务，将战术计算环境与国家或战略资源连接起来，支持陆军以一定的速度和范围开展多域作战。

通用服务基础设施（CSI）。通用服务基础设施提供全球可访问的通用硬件和软件，用于数据保护、存储和计算；利用数据分析、人工智能和机器学习支持整个部队的数据驱动决策，并允许进行各组织网络融合；最大限度实现商业云服务和混合云能力，以及其他采用最新信息技术的服务模式。

通用传输层（CTL）。可靠、可扩展、安全和具有弹性的通用传输层，可在全球范围内使用任何设备向任何环境中的指挥官提供数据、信息和协同服务。通用传输层融合到一个传输模型中，使用软件定义网络（SDN）、开放式系统架构、商业传输以及加密技术，在所有层级使指挥所以与驻地作战中心相同的速度运行。采用5G及后5G技术将为终端设备创建一个集成的"物联网"分发网络，将基地运营与战术边缘联系起来，并尽可能利用商业无线技术创建移动、敏捷、安全的网络连接。

统一网络运行（UNO）。统一网络运行提供保护、配置、操作、扩展、维护和维持网络空间所需的能力，创建和保持统一网络的机密性、可用性和完整性，为国防部信息网（DODIN）操作人员提供查看、保护、维护和响应统一网络的能力，可跨企业、战术和任务伙伴网对这些能力进行无缝集成，为作战指挥官开展多域作战提供有保障的网络和网络内机动自由。它采用零信任原则，通过一系列包含操作环境、服务基础设施和传输层的集成活动，提供一套通用硬件和软件，旨在支持综合战术网和综合企业网

（IEN）的融合，实现全面的国防部信息网和防御性网络空间作战。

（二）构建统一网络的必要性

美国陆军参谋长在《陆军多域转型——准备在竞争和冲突中取胜》文件以及 2028 年多域作战部队建设目标中提出了对陆军统一网络的迫切需求。多域作战的核心是要实现决策优势和压倒性优势，美国陆军必须通过有弹性的、安全的全球网络能力来实现这一目标。

首先，美国陆军将以具备多域作战能力的部队，使联合/联军部队在从对抗到冲突的各种环境中进行机动并取胜，多域作战能力将通过速度+范围+融合来提供决策优势，进而实现压倒性优势。未来的冲突将是非线性的、在所有层级和全球范围内的对抗，美国国土将不再是免受对手动能或非动能攻击的避难所。这就要求美国陆军全面解决网络问题，将战术和企业（战略）网完全集成到一个统一网络中。

其次，无论在竞争还是冲突中，美国陆军都将在指挥官选择的时间和地点，跨所有域为联合/联军部队提供达成战略、作战和战术效果的能力。美国陆军将利用新兴能力，通过在对手的"反介入/区域拒止"范围内以及传统战区框架外进行机动来扩大战场空间，在全球范围内开展多域作战，支持联合/联军指挥官。美国陆军将在所有域维持、实现、扩展和扩大防御和进攻性行动的范围，其"区域内部队"将在敌方"反介入/区域拒止"区域内行动，提供可信、抗毁的能力，阻止或击败敌方的区域拒止行动；"区域外部队"包括区域性和全球远征、突击与国土防御编队，负责控制地形、巩固成果和保护战略支援区域。美国陆军将在战略、作战和战术深度上展开行动，这对于对抗在"反介入/区域拒止"防御系统上享有优势的对等敌人至关重要。战略、作战、联合和战术效果与能力整合是多域作战的基础，需要有一个汇聚前沿技术和效果的网络为联合/联军部队指挥官提供支持（图1）。

图 1 从战略到战术层级的多域作战

统一网络必须支持 2028 年多域作战部队建设，支持陆军在 2035 年发展为具备完备的多域作战能力的部队，还必须随着技术的变化和对手能力的发展不断进行现代化升级。

（三）统一网络的实现途径

《统一网络计划》给出了统一网络的 3 个发展阶段和 5 项主要任务。

（1）3 个发展阶段。按照美国陆军的规划，统一网络的实现分为近期、中期、远期 3 个发展阶段。

第一阶段：近期（2021—2024 年）——建立统一网络

这一阶段已经开始，首先是同步实现综合战术网和综合企业网的现代化。这一阶段主要工作包括：

- 建立基于零信任原则的标准化安全架构，初期工作重点是保密 IP 路由网（SIPRNet）现代化，然后是实现非密 IP 路由（NIPR）关键能力。

- 从整体上协调多项工作，利用软件定义技术以及 5G 和后 5G 无线网络技术等符合零信任原则的新兴技术，逐步发展统一网络。

- 将无线蜂窝网作为战术和企业网应用的关键技术，减少对非无线网的依赖。

- 将各项能力迁移到云基础设施，同时快速剥离遗留能力和流程，建立通用数据标准，实现人工智能和机器学习等新兴能力。
- 继续进行任务伙伴环境（MPE）开发工作。
- 继续调整部队结构，构建国防部信息网运行（DODIN Ops）架构。
- 在整个企业范围内完成网络融合，提高网络战备水平、标准化和互操作性；提高陆军网络安全性；实现快速防御性网络空间作战（DCO）响应。

这一阶段最终将建立标准化的综合安全架构，为统一网络奠定基础，并支持在世界任何地方快速部署和立即开展行动。

第二阶段：中期（2025—2027年）——实现统一网络

继续进行综合战术网和综合企业网能力融合。主要工作包括：

- 完成构建国防部信息网运行架构，实现统一网络在对抗和拥挤环境中的防御和运行。
- 建立混合云能力，包括促进人工智能/机器学习能力发展的战术编队。
- 建立持久任务伙伴网（MPN），包括从企业到战术边缘的所有硬件、软件、基础设施和人员。

这一阶段结束时，统一网络将充分做好准备，支持2028年多域作战部队。

第三阶段：远期（2028年及以后）——持续进行统一网络现代化

陆军统一网络将在运行、技术和组织上做好充分准备，支持2028年的多域作战部队。

- 利用新兴技术，剥离遗留的、不太安全的能力，全面实现统一网络现代化。

- 采用跨越式技术，包括动态多样的传输技术、鲁棒计算技术、边缘传感器、决定性行动数据、机器人和自主操作技术，提高网络安全和弹性。

鉴于信息技术和网络快速发展，这一阶段没有尽头，统一网络将进一步发展成熟。这是一个持续的过程，统一网络没有设定的最终状态。

（2）5 项主要任务。美国陆军将按照以下 5 条任务线开展统一网络现代化工作（图2）。

图 2　美国陆军统一网络计划框架

任务线 1：建立统一网络，实现多域作战

实现综合战术网和综合企业网的整合与协调，将多个不同组织的网络融合到陆军统一网络中，支持 2028 年多域作战。这条任务线的核心是在全陆军范围内同步网络现代化工作，将建立统一网络作为陆军对国防部信息网的贡献，并建立陆军任务伙伴环境，实现与盟国和其他联军合作伙伴的互操作。该任务由以下 5 个目标组成。

目标 1：交付标准网络架构。定义、设计和记录陆军信息技术相关标准技术资料，为连接作战、机构和企业的零信任原则、任务能力、系统集成以及数据和信息网络设计提供信息。建立一个有弹性的、安全的混合云架构，在战略、作战和战术层级之间无缝存储数据和信息。

目标2：设置统一网络。对当前网络进行优化，解决网络碎片化、网络漏洞、复杂性、脆弱性以及与联合任务合作伙伴的互操作性等问题。统一网络需要实现一个整体网络安全架构和灵活的跨域安全解决方案，在多个保密网络飞地之间最大限度地共享关键多域作战信息，同时保护敏感数据源。

目标3：网络融合。实现网络融合，既与战术编队进行纵向融合，也与各独立组织网络（ORGNETS）进行横向融合，同时进行网络管理工具和人员的合理化整合。

目标4：战术编队网络能力现代化。以2年为周期部署能力集，并迭代进行战术编队现代化。从能力集21开始的综合战术网能力集将能够在全球任何地方的统一网络中"即插即用"，从而将战略和作战情报交付至战术级。综合战术网要在战术边缘纳入有保证的网络传输、通用操作环境、具备多域作战能力的指挥所并具有联合/联军互操作性。综合战术网必须具有弹性、安全性和机动性，能够支持大范围分散的部队，融合多域效果，并在多域作战中维持通用态势感知。

目标5：实现并保持互操作性。为实现和保持互操作性，高层领导要构建多国合作伙伴关系，美国陆军要从人力、程序和技术方面开展有效工作。

任务线2：使部队为多域作战做好准备

该任务线重点是人员、训练和组织结构，基础是向增强型远征信号营（ESB－E）组织设计迁移，并随后实施全球国防部信息网运行架构来运行、维护、保护和操控统一网络。

目标1：增强训练系统和基础设施。陆军训练将侧重于高强度冲突，重点是在密集城市地形、电子干扰环境以及持续监视下作战。陆军必须为部队提供适当的设备、系统和基础设施，在统一网络上训练士兵。

目标2：改进部队设计和结构。陆军目前正在更新其信号和网络部队结构，一个关键要素是向增强型远征信号营组织设计迁移。

目标3：建立备战状态。陆军网络工作人员和能力必须做好准备，在大规模地面作战行动中，实现陆上力量相对于均势对手的优势。

目标4：人才培养。启用人才管理战略，招募、培养和保留高素质、高技能的网络工作人员。

任务线3：确保安全性和抗毁性，保证指挥官在网络空间的行动自由

为增强统一网络的安全性和抗毁性，美国陆军将改革其当前网络安全流程——主要是风险管理框架，在继续采用商业技术的同时，保护其不断增加的传统信息技术和非传统运营技术资产的攻击面。为实现这一目标，美国陆军将对其所有系统的零信任能力当前状态进行评估，进而对信息技术和运营技术资产实施零信任原则。

该任务线重点是做出基于威胁的、风险受控的运行决策，以确保网络域的行动自由。

目标1：改革和实施网络安全流程/管理风险。为使网络空间能够以多域作战所需的速度运行，必须满足网络可访问性、弹性和防御要求。美国陆军将全面整合进攻性和防御性网络作战能力，保护网络、数据和基础设施，最终目标是实现网络安全能力的自动化，同时保持对运行风险的充分了解。

目标2：保护统一网络安全。保护统一网络有四个关键方面：一是实现从战术到战略所有层级通用的统一网络运行能力交付；二是实现基于零信任原则的统一安全架构；三是在全球范围内实施国防部信息网运行框架；

四是在统一网络中部署防御性网络能力,使网络保护小组(CPT)能够在网络内快速机动和追捕对手。

目标3:保护数据安全。采取控制手段确保只有授权实体才能访问所需的数据,并且保持数据在整个使用过程中的完整性。这一目标侧重于通过各种手段同时增强数据的安全性和可用性。

目标4:加固武器系统和平台。美国陆军将继续开展网络空间平台作战弹性评估(CORA–P)计划,对主要武器系统的网络漏洞进行评估。

目标5:加固控制系统。美国国土安全部识别了来自260多家销售商的控制系统部件的1000多个漏洞。为了应对威胁,美国陆军开展了网络空间设施作战弹性评估(CORA–I)工作,评估和减轻陆军关键基础设施、建制工业基地以及硬件和软件供应链的漏洞。

任务线4:改革流程和政策,以改善绩效和可承受性

建立一个治理和管理框架,支持在统一网络产品组合中进行平衡、高效和有效的投资。美国陆军将以最具效率的方式快速调整统一网络,通过当前的流程对需求进行验证,并有针对性地进行改革,减少重复需求,同时积极剥离遗留系统。

目标1:整合任务区。以企业信息环境任务区(EIEMA)为基础,在所有支持陆军统一网络工作和计划的任务区整合国防部信息网运行框架。

目标2:优化治理流程和结构。美国陆军将通过现有陆军流程,强制执行投资和资源分配的优先排序。

目标3:重塑政策。美国陆军将确定那些妨碍实现预期能力和效果的政策,并进行政策改革以实现陆军战略目标。

目标4:确保统一网络投资问责制。根据绩效和不断变化的陆军优先事项和需求,优化整个项目组合的绩效。重点包括:通过类别管理确立信息技术支出的可见性和优先级；实施陆军企业级控制，以提高购买力，并消除烟囱式方法和能力；积极剥离遗留或重复能力；在资源和资金限制范围内，根据项目和服务与建设 2028 年具备多域作战能力部队这一目标的一致性，进行评估和优先排序，平衡各项工作。

任务线 5：网络可持续性——确保企业和战术网络的可持续性

为确保统一网络在竞争、危机和冲突期间保持弹性、可防御性和可机动性，必须对可持续性需求进行记录、计划和规划。此外，在构建纳入了人工智能和机器学习等新能力的统一网络过程中，必须积极剥离遗留能力。

目标 1：确定统一网络可持续性需求。确定和验证可持续性需求，并与其他统一网络现代化工作同步。

目标 2：网络生命周期可持续性和现代化计划。对于快速发展的统一网络，生命周期的可持续性是一个关键组成部分，美国陆军必须在可持续性和现代化之间取得平衡。

目标 3：可持续性资源计划和规划。一旦与陆军的迭代、持续现代化工作达成平衡，该目标将侧重于统一网络可持续性运行的计划、规划、预算编制和执行。

目标 4：支持网络现代化部署。新的现代化网络和联网系统计划于 2021 财年、2023 财年、2025 财年和 2027 财年作为现代化能力集（CAPSETS）向战术战场交付。

三、几点认识

通过对《统一网络计划》的解读，结合美国陆军当前及未来动向，提出以下几点认识。

（一）统一网络计划是美国陆军协调各项网络现代化工作的总体指导框架

统一网络计划是指导美国陆军构建统一网络的一份总体战略框架，它的核心是对美国陆军多项网络现代化工作进行优化协调，特别是对以往各自为战的战术网络和企业网络现代化工作进行同步和整合，并针对网络的运营、维护和防护提出了统一要求。它所涉及的不仅仅是能力的开发和部署，还涉及人员、训练、组织、政策和流程等多个方面。其中，技术并不是美国陆军网络现代化面临的最大挑战，人员和组织设计才是最难也是最重要的部分。

（二）战术网和企业网的一体化发展是美国陆军统一网络工作的重点

统一网络的"统一"首先是战术网和企业网的统一，这是美国陆军网络现代化工作急需解决的问题。美国陆军以往的战术网络和企业网络现代化工作侧重于不同的方向，前者在战术级侧重于任务指挥网络以及满足战术编队的战场需求，后者在战略和作战级侧重于设施现代化，而在将这些战略和作战能力提供给战术编队方面却出现了缺口。举例来说，美国陆军部队需要在战场上使用网络武器，但其最强大的网络武器，无论是进攻性还是防御性，基地都在美国；部队需要发射远程精确武器，但用于发现目标的卫星却是由美国本土的指挥中心所控制的。美军当前的网络无法在基于美国的网络和空间作战与前线战术部队之间实现充分协调。

在统一网络计划框架下，美国陆军当前的企业网将进一步向综合企业网发展。鉴于在多域作战行动中，大量关键数据会通过网络传输，美军必须减少使用非保密网络传输数据，企业网的重点也将从非密 IP 路由网和设施现代化转向保密 IP 路由网及任务伙伴环境，并将开发更多渠道实现综合战术网和综合企业网以及任务指挥网的桥接（图3）。

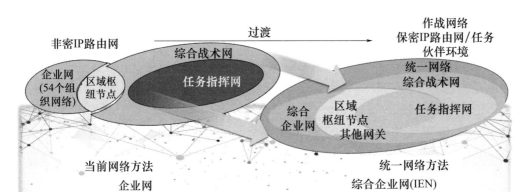

图3　美国陆军综合企业网现代化战略规划

（三）基于零信任原则的安全架构是构建统一网络的基础

美国陆军多次强调统一网络安全的重要性，无论是在竞争、危机还是冲突中，统一网络只有在受到保护和防御的情况下，才能提供战略、作战和战术效果。

针对以往的固定体系结构，美国陆军采用的是边界防御方法，即在边界内的任何人、数据集或服务都被默认是可信任的，可以自由交换和共享信息。然而在当前的动态分布式环境中，边界变得越来越模糊，特别是在联合全域指挥与控制系统中采用的大量商业技术产生了新的攻击面，必须采用新的现代化安全方法对网络加以防护。零信任是美国国防部大力推行的新型安全架构，是一种以承认传统网络边界内外都存在威胁为前提的协同网络安全和系统管理策略。零信任安全模型消除了对任何一个元素、节点或服务的隐含信任，需要通过多源反馈的实时信息对运行情况进行持续验证，确定访问和其他系统响应是否安全。美国陆军认为，零信任架构是保护其统一网络安全、支持多域作战的唯一方法，并将其列为数字化战略的首要举措。现已采用端点安全、身份识别、主动监控、云隔离和边界防御等措施,为实施零信任原则奠定了良好的基础。

(四)增强型远征信号营(ESB–E)是支持多域作战更有效的信号部队结构

统一网络计划强调,为适应多域作战需求,美国陆军正在调整信号部队结构,由远征信号营(ESB)向增强型远征信号营(ESB–E)组织设计迁移。远征信号营是美国陆军为战区作战提供上层通信支持以建立战术网络的信号部队,其采用一种可扩展的结构设计,不需要借助多个组织的力量组成单一通信支持单元,有利于增强部队凝聚力和部署规划。增强型远征信号营具有更强的灵活性,采用模块化结构设计,能支持更小的部队单位,其装备更先进、更轻小,复杂性更低,使部队可以在战场上更快速地部署和机动,并增强对具有更多节点和更少人力的部队的支持。据美国陆军官员称,增强型远征信号营能支持的指挥所数量增加了60%,但运输需求减少了60%,且需要占用的人员更少。美国陆军计划在每个财年部署几个增强型远征信号营,目标是到2028年将所有23个远征信号营都升级到增强型远征信号营。在统一网络计划指导下,通过对信号部队一系列改革工作的协调同步,美国陆军将极大提高人员效率和对多域作战指挥控制的支持。

(五)5G、零信任架构、软件定义网络和数据编织等是实现统一网络的关键技术

统一网络的实现需要一系列关键技术的支撑。美国陆军考虑投资的创新技术和方法包括5G、WiFi、中低轨卫星通信、保密软件定义网络商业解决方案、零信任,以及身份、证书与访问管理(ICAM)、数据编织(data fabric)等,并启动了一系列试点项目对相关技术展开验证测试。例如,美国陆军正在多个基地开展 5G 技术试验,通过"造雨者"项目探索数据编织技术,以及进行一些商业中低轨卫星终端测试等。这些技术将为统一网络提供传输能力,提高网络安全以及数据共享与融合能力,美国陆军将通过能力集的方式,迭代推进相关技术的发展和部署使用。

结束语

美国陆军《统一网络计划》是一份战略框架,给出了美国陆军建设统一网络的总体规划。近期,美国陆军还将发布统一网络实施计划,将框架分解为与各任务线及目标相关的近期和中期关键任务。这份实施计划将被用于对美国陆军所有任务领域统一网络相关工作进行同步和评估,以支持 2028 年具备多域作战能力的陆军部队建设。

(中国电子科技集团第五十四研究所　唐宁)

美国陆军加强战场通信网络建设

美国陆军高度重视战场通信网络建设，认为要在高度对抗的作战环境中掌控信息优势和决策优势，通信能力是基础。尽管陆军在2022财年预算申请中削减了50亿美元，但为网络现代化建设增加了约18亿美元，拟通过战术网络实现作战系统互连，打造弹性战场数据传输骨干网。

一、新型作战概念对战场通信网络提出新需求

根据多域作战、马赛克战等新型作战概念需求，美军需要集成分布在各个作战域的通信系统与网络资源，将各作战要素动态无缝连接，融合到一个在跨域作战单元之间实时数据共享的跨域杀伤网中。因此，对战场通信网络提出了新的需求。

（一）通信网络由静态系统向敏捷自适应性系统发展

在跨域作战中，协同关系会在不同部队以及多个作战域之间快速切换，相对静态的通信系统所支持的静态协同关系难以满足需求。同时，在高度对抗的作战环境中，战场通信网络由静态系统向动态敏捷自适应系统演变

和发展也是适应高对抗性、复杂电磁环境的关键。未来军事通信网络需要能够敏捷重组、动态适应战场环境和任务变化，支持新型作战概念以自适应体系重组取代固定式作战力量编成的要求，满足不同层次、不同作战要素的个性化信息需求。

（二）通信网络必须适应高对抗作战环境

美军以往已习惯于在比较宽松的环境中作战，然而在大国竞争背景下，在与均势对手对抗过程中，通信网络系统需要面对高性能的电子探测和攻击手段，通信拒止或性能下降严重将影响多域任务的有效协同，适应高对抗性作战环境成为新形势下美军新型作战概念对通信网络的基本要求。为此，美军急需开发低探测概率、抗干扰、抗截获的通信技术、装备和解决方案，即使在恶劣环境中也能实现无缝通信和信息共享。

（三）通信网络由集中式向分布式系统转变

多域作战、马赛克战均强调分布式作战，通信网络系统要能够连接所有分布式系统，其本身必然要突破传统体系架构，由集中式系统向分布式系统转变。新型通信网络系统将通信能力分散到各个作战域内不同平台和有效载荷上，如低轨卫星星座、无人机中继平台等，依托先进的信息技术将物理上分散的系统连接成高度集成的综合体系。这些新型通信网络系统的通信能力互为冗余和备份，即使主要通信方式被拒止或摧毁，仍有其他系统可确保作战人员获得相应能力。

（四）通信网络需要实现战术级互连互通

为实现跨域协同，处于不同作战域的各个作战单元需要通过通信网络连接起来，共享信息，同步行动。而以往严格按照军种、兵种建立起来的通信网络系统无法适应这种需求，数据兼容性差，无法顺畅地互连互通，很难实现作战要素的快速跨域调用和多域重组。多域作战、马赛克战等新型作战概念都要求分散控制，分散执行，下放指挥权限。与之相适应，通信系统的互连互通也需要下沉到战术级，才能支持战术级指挥控制，在与更高级别指控机构的通信可能被干扰、切断的情况下，为战术级跨域作战任务提供基本保障。

（五）通信网络需要实现超视距连接

新型作战概念要求大量作战要素分散部署在较大的地理空间范围内，实现跨域协同。特别是以"反介入/区域拒止"为主要特征的海上作战环境，必然是超视距作战，而通信网络系统提供的超视距连接能力是实现超视距分散作战的重要一环。在这种情况下，原本一些视距通信系统局限性较大，需要向超视距发展，通过卫星或空中平台中继实现距离延伸。

二、全方位推进战场通信网络建设

为适应战场通信网络新需求，美国陆军通过一系列战略性文件明确陆军战场通信网络建设方向，立项开展相关支撑技术研究，并采取多种举措全面推进建设步伐。

（一）从战略高度引领战场通信网络建设

2021年，美国陆军频频发布有关文件，从战略高度明确战场网络的建设和指导方针。

2月，美国陆军战术通信、指挥、控制项目执行办公室发布《使士兵网络化——美国陆军网络能力集现代化》报告。报告从实施战略、陆军网络现代化建设行动路线、能力集建设情况、跨职能小组工作情况、战术网络现代化建设项目、任务指挥的现代化改进情况等方面介绍了美国陆军战场网络现代化的最新进展。

10月,美国陆军发布《统一网络计划》计划,旨在全面解决陆军信息技术和网络问题,指出陆军统一网络的目标是将战场上部队战术网络的固定设施与系统联结起来,使陆军作战部队能够更快地获取数据和信息,确保作战指挥官能够随时随地实现战略、战役和战术三重效果。

10月,美国陆军发布《陆军数字化转型战略》,旨在协调各种技术的现代化成果,并为多域作战做好准备。在该战略中,美国陆军提出做好现代化与战备的六条举措,其中有关战场网络建设的就有三条:一是通过统一陆军企业云和战术云,加速采购私有云;二是实现美国陆军信息技术基础设施和网络的融合与现代化;三是通过定义信息技术和操作技术资产的零信任原则,提升陆军网络的安全态势。

(二) 立项推动战场通信网络建设

面对战场需求,陆军积极立项开展相关支撑技术研究,推动战场通信网络现代化建设。

开展4个项目推进网络现代化进程。网络现代化是美国陆军六大现代化重点之一。根据网络现代化实施战略,美国陆军正在通过统一网络、通用操作环境、互操作性、指挥所4项任务开展网络现代化工作。

提出5个项目推动未来网络能力发展。2020年,美国陆军研究实验室提出了提高未来战场通信核心能力的5项技术项目,即开发可全息模式存储大量信息的量子设备;远程精准火力先进技术的成熟度达到4级,改善美国陆军未来的远程精准火力能力;建造一种频率切换电子设备,其能源效率是现有能力的100倍;建立一种用散射光子捕捉物体形象的系统;建造一种能全天候监测和维持网状网络的电台。

探索新兴网络技术支持战场通信网络建设。①美国陆军未来司令部所属C^5ISR中心正在实施的"造雨者"项目,开发了一种名为"数据编织"

的技术，该技术使当前不兼容的跨联合任务空间的系统能够无缝共享、保护和同步协调复杂作战行动所需的数据，是国防部联合全域指挥与控制网络的基础层技术，将实现美国所有军事领域（包括陆地、海洋、空中、太空和网络空间）的数据共享。②美国陆军在2021年6月举行的"网络现代化试验"期间测试了多项新兴网络技术，如用于有人-无人编队的先进网络通信技术、模块化开放标准技术等，并寻找方法将人工智能、自主、机器人以及通用数据标准和架构结合起来，致力于在战术边缘使作战人员更快地做出决策。③美国陆军在2022财年申请了一个3180万美元的项目，用于支持其综合战术网络的战术通信系统，包括Link16、视距、超视距等。

（三）采取多项措施推进战场通信网络建设

陆军对战场通信网络的建设更为重视，实施多项措施提高战场通信能力，为在高度对抗环境下新型作战概念的实现提供有效支撑。

改进装备采办部署模式加快装备部署速度。2021年3月，美国陆军第82空降师在波尔克堡联合战备训练中心轮训期间，首次在真实作战环境中测试现代化电台、战术手机和网络设备，标志着陆军装备采办、部署和更新模式的转变。本次使用的装备是陆军战术网"能力集21"的一部分，结合了可精确定位部队位置的电台、新波形和战术手机，以及允许与部队和盟友进行通信的网络扩展设备和跨域技术。本次轮训纳入了更多士兵对通信设备的反馈等内容，加快了装备的部署。

研发网络安全工具加强战场数据共享。2020年11月，美国陆军研发了一种名为DoppelGANger的工具，这种工具能够通过解决网络威胁来实现隐私保护和数据共享。通过使用工具，各部门可以在由于隐私或安全限制无法直接共享信息的情况下，实现数据共享，增强跨平台作战人员数据共享能力。

改善装甲旅网络传输能力。2020年下半年，陆军战术网络现代化小组开始了一项原型设计工作，改善其装甲旅的动中网络连接能力。这种能力称为"动中战术网络传输"，可改善战术环境中的连通能力。装甲编队指挥官称，他们需要更具韧性的话音动中通能力。这样，当一个单位停下来建立指挥所时，话音和数据链路已经就位，可以立即执行任务了。

计划升级单信道地空无线电台。2020年底，美国陆军发布信息征求书，希望对"辛嘎斯"电台进行技术升级或寻求新的通信解决方案。该信息征求书是战斗网无线电台市场调查的一部分，旨在了解行业在"辛嘎斯"电台升级方面的能力，包括跳频能力和加密现代化能力，使其达到战术安全话音加密互操作能力规范及256高级加密标准。拟升级的电台包括车载电台和单兵背负式电台。

三、战场通信网络建设呈现新特点

2021年6月，美国《防务头条》刊文《美国陆军表示2025年战术网络将实现联合全域指挥与控制》，描绘了陆军未来战术网络计划实现的多项能力和2025年战场网络愿景。面对复杂的作战环境，美国陆军认为需要更强化、更具弹性的通信能力，还需要更快速的数据共享能力来实现更好的态势感知，提高部队的远征、移动和分散作战能力。从陆军战场网络建设和未来几年的预算申请可以看出，他们将优先发展和采购那些能快速修复和填补当前能力缺口的系统装备，满足作战人员最紧迫的作战需要。

（一）"以士兵为中心"打造网络设计和装备采办的新理念

美国陆军在网络设计、装备采办策略等方面，都以快速满足前沿士兵和指挥官的作战需求为理念。陆军要求项目研发的系统简单直观、便于操作、维护便利，更多是为提升士兵体验。在采办方面，每种能力最终都交付到士兵手中进行评估和反馈，确保该技术适用于士兵。通过这种方式以最快的速度向作战人员提供真正需要的作战能力，颠覆了美国陆军以往的采办流程。

（二）通过技术插入和现代化改造确保现役战场网络的适用性

美国陆军已经装备的现役战术网络太复杂、太脆弱且机动性不足，抗干扰能力差，易受到网络攻击。通过技术插入对其进行现代化改造，可从以下方面提高现役战术网络的适用性：一是提高网络安全性，简化战术网络运行使用，并降低设备尺寸、重量和功率，例如将轻型版 WIN – T 增量2，即轻型网络运行与安全中心和轻型战术通信节点集成到更轻型的车辆平台上，极大提高了美国陆军战术网络的远征能力；二是通过现代化改造来应对装备老化和商业现货部件的持久性问题，将原先各种硬件组件分散实现的各种能力集中到虚拟服务器上，通过减少尺寸、重量和功率来降低寿命周期成本。这种方式不仅以极高的效率、较低的成本提高了现役战术网络的适用性，还使美国陆军能够实现一种灵活敏捷的采办方式。

（三）提升综合战术网远征弹性通信能力适应网络关键作战需求

美国陆军对战术网络的关键需求是要具有灵活性、远征性，坚固且简单直观，并充分融合网络和电子战能力，可通过路径多样化和动态路由提供网络弹性，确保实现不中断的任务指挥。综合战术网概念自 2018 年提出之后，获得美军的高度重视并快速发展，现已成为陆军新的网络现代化建设的重要部分。初步实战测试的结果证明，综合战术网通过统一而又多样的网络，可以为战术边缘提供更高带宽和更强健、敏捷、可靠的网络，是填补美军当前网络架构缺口的一种有效解决方案。

（四）加强演练演训提高战场互连互通能力

战场网络能否顺畅，关乎美国陆军指挥控制、瞄准定位以及通信联络等功能的正常发挥。为此，2021年以来，美国陆军一直在通过各种融合演练的方式提升战场网络技术水平：3月的"网络探索21"演习测试了连级以下多域作战的新概念和新技术；4月美、英、法三国陆军的"作战人员演习21-4"以改善美国军与盟军网络通信的互操作性为目的；6月的"联合作战评估21"演习重点评估新兴概念、整合新技术并促进陆军与其他军种和多国合作伙伴之间的互操作性；7月至8月的"网络闪电战"演习对情报、信息、网络、电子战和空间的完整设计以及新兴功能进行测试；10月的"会聚工程-2021"演习活动，涉及网络能力对跨域作战行动的支撑，重点验证了从传感器到射手之间网络的数据快速传输能力。

美国陆军认为战场网络对于联合全域指挥与控制至关重要，而战术网络及其相关计划仍然是其未来发展的重点。从其发布的计划文件和重点实施的项目可以看出，美国陆军就是要打造未来弹性战场数据传输系统的骨干网络，并将陆、海、空、天各种传感器互连互通，并利用人工智能手段对潜在威胁目标数据进行处理，以提供快速超视距打击能力。美国陆军在2021—2024年，将从同步综合战术网络和综合企业网络入手，建立统一网络；在2025—2027年，将开始统一网络的实施，实现支持陆军2028年多域作战的目标，重点开展战术和企业网络能力的融合；2028年以后，将实现统一网络的持续现代化，从作战、技术和组织上支持2028年多域作战目标，通过整体的方法来持续现代化陆军统一网络，并使用新兴技术来替代遗留的不安全的系统。

（中国人民解放军32802部队　全寿文　夏文成）

美国陆军积极参与"联合全域指挥与控制"体系建设

美国陆军 2016 年首次提出"多域战斗"概念后，2018 年向"多域作战"概念发展完善，目前正在向美军"全域作战"概念升级演进。2021 年，美国陆军积极参与"联合全域指挥与控制"体系建设，推进"全域作战"概念落实，取得诸多进展。

一、"联合全域指挥与控制"体系概述

根据时任国防部长埃斯珀的指示，美军于 2019 年底成立了一个由参谋长联席会议（简称参联会）与各大军种组成的联合委员会，旨在论证开发以"多域作战"概念为基础的"联合全域作战"概念（通常简称"全域作战"概念）。参联会副主席海顿上将称，新的"全域作战"概念旨在描述未来在全部作战领域构成的作战空间中实施联合作战所需的能力要求，并于 2020 年 2 月在《国防要闻》上系统阐述了该概念："全域作战"将涵盖陆、海、空、天、网、电磁、认知、"灰色地带"等可能涉及的全部作战领域，

是美军未来应对"均势对手"的全新战争样式;美军应作为未来预算重点工作推动该概念的实现,以在未来冲突和危机中无缝集成全域能力,进而有效实施全域作战。

美军最新作战概念从陆军"多域作战"向全军"全域作战"演进,概念本质并未发生改变,只是优质军种作战概念凭借其开放的军种包容性、高远的理论站位和广阔的实践前景,得到了美国国防部、参联会、各军种和各战区司令部的高度认可与大力支持,在军方、智库和军工集团研讨和试验日趋成熟背景下,使其由军种概念升级演进为全军概念,以更有利于在全军(包括陆军、海军、空军、海军陆战队、国民警卫队和新成立的太空军)的推广执行、深化发展和战训转型,使美军作战能力进一步朝"一体融合、形分神聚、快速精准"方向发展,最终目的是整合全军力量遂行全域协同作战,扩大对"均势对手"的全域军事优势,以达成慑止、破击对手"反介入/区域拒止"体系的战略目标。

在美国国防部领导下,美国空军和太空军正在构建的可将所有武器平台和部队实时连接的作战互联网"联合全域指挥与控制",将成为"全域作战"的核心(图1)。在这个互联网平台上,各种军事应用程序可任意连接,能利用大数据、人工智能和机器学习等,随时了解友军/敌军位置和行动,实现在陆、海、空、天和网络空间的多域作战中不间断地共享信息,并在需要时相互呼叫。

美国空军和太空军从2019年开始一直与工业界和其他军事部门合作开发、测试"联合全域指挥与控制"网络。2019年11月,美国参联会联合参谋部授权空军将其"先进作战管理系统"作为"联合全域指挥与控制"的核心技术架构,陆军、海军、海军陆战队、太空军、网络空间部队分别在"多域作战""海上分布式作战""远征前进基地作战"等军种概念的框架

图 1 联合全域指挥与控制概念图

下,寻求与空军建立联合网络,在共同推动"全域作战"概念发展的同时,实现自身作战概念、指挥控制系统与"联合全域指挥与控制"的充分融合。2019年12月,美国空军与陆军、海军、特种作战部队、工业界等正式启动"联合全域指挥与控制"项目。该项目依托空军"先进作战管理系统"项目开发的软件和算法,使人工智能和机器学习能以远超当前水平的速度与精度联网并计算多源海量数据,目的是实时连接数据和通信系统本不兼容的战斗机、地面部队、海军舰艇和卫星。美军计划进行一系列"联合全域指挥与控制"演示试验,以将不同的武器平台与现实场景中的部队进行实时连接(图2)。

重要专题分析

图 2 美国空军在马里兰州安德鲁斯联合基地向媒体介绍先进作战管理系统

二、陆军积极参与"联合全域指挥与控制"建设

为加强"全域作战"能力建设,美国陆军于 2020 年 1 月统筹进行机构改革,调整陆军网络职能管理办公室的职权范围,并将其更名为陆军战略行动管理办公室,下设网络战、电子战、信息战、太空战、战术通信网络、数据架构和人工智能等部门,目标是将其作为多域作战能力生成的统筹协调机构,负责与空军一起试验基于"先进作战管理系统"的"联合全域指挥与控制"体系,在陆军和联合部队内统一数据架构以确保互操作性,以期将陆军未来"全域作战"能力建设及一体化解决方案纳入统一管理。

2020 年 3 月,美国陆军未来司令部网络跨职能小组和战术指挥、控制与通信项目办公室联合举办"联合全域指挥与控制"会议，与联合参谋部、国防部首席信息官办公室、空军、海军及海军陆战队的代表共同探讨"联合全域指挥与控制"概念下的技术、资源和实验等方面的协同工作。2020年9月，美国国防部宣布，陆军与空军签署了一份持续到2022财年的加强互操作性的合作协议，旨在协作开发对两个军种产生重大影响的"联合全域指挥与控制"系统。该协议将把陆军"会聚工程"与空军"先进作战管理系统"项目结合起来，旨在帮助指挥官更快地做出明智的战场选择，将影响整个联合部队的训练和演习。作为"联合全域指挥与控制"系统的陆军组成部分，"会聚工程"是陆军融合其各部队能力并与技术改革保持同步的计划，已于2020年9月18日在亚利桑那州尤马靶场完成为期5周的"会聚工程-2020"试验演习，测试了人工智能及从空中、地面及太空传输传感器数据的能力。而空军"先进作战管理系统"系统将使联合部队能以机器般速度快速收集、分析和传输数据。

美国陆军训练与条令司令部亦于2021年初宣布，正在开展多项现代化训练项目，更好地开展诸兵种训练以适应未来多域作战环境。美国陆军强调，具备多域作战能力的部队需要现代化训练设备支持，训练与条令司令部正在对90余万套训练辅助设备和4100余个训练靶场进行升级，以适应多域作战训练需求。

三、参与"联合全域指挥与控制"演习以验证"全域作战"概念

在美国陆军等各军种参与下，美国空军在"先进作战管理系统"项目下已举行4次"联合全域指挥与控制"演习。第一次演习于2019年12月在

佛罗里达州举行，重点是模拟应对敌巡航导弹对美本土的威胁，空海军飞机（包括F-22和F-35战斗机）、海军驱逐舰、陆军"哨兵"防空雷达与"海玛斯"火箭炮以及商用太空/地面传感器，在演习中演示验证了收集、分析和实时共享数据，并为指挥与控制单元提供更完整作战态势图的能力——数据输入输出便捷顺畅，共享分发高效，可靠性稳定性强。

第二次演习于2020年8月31日至9月4日完成，在演习中，空军飞机与驻扎在黑海的海军舰艇、特种部队和其他8个北约国家在模拟环境中进行实时连接，以应对俄罗斯威胁，首次通过实时连接多个传感器和射手快速探测和摧毁模拟的俄巡航导弹，对新型超高声速武器、人工智能软件和5G技术进行了测试。

第三次演习于2020年9月14日至25日在印太司令部"勇敢之盾"演习期间完成，主要测试了多域通用作战图技术、多域作战管理与指挥控制技术和边缘云技术，三者提供了一个统一战场态势图，创建了一个远征云环境，能将指挥控制命令传递至印太司令部的传感器。

第四次演习于2021年2月底完成，演习重点是保护欧洲部队免受导弹和其他空中威胁打击，除美军欧洲司令部和战略司令部参与演习外，英国皇家空军、荷兰皇家空军和波兰空军也参与了演习，所以该演习又称为"联盟联合全域指挥与控制"演习。在演习中，美国空军驻英国第48联队的F-15C战斗机掩护F-15E战斗机飞抵波罗的海海域，接收美国空军第603航空作战中心提供的瞄准和指控信息后，发射AGM-158联合防区外空地导弹。美军参演机型还包括从英国米尔登霍尔空军基地起飞的KC-135加油机、C-17运输机和海军P-8A巡逻机。与此同时，美国空军还与荷兰空军F-35A战斗机在德国拉姆施泰因空军基地进行了基地防御演习，内容包括联合防御敌无人机和巡航导弹攻击，F-35A履行联合防御部队与美国陆军第 10 防空反导司令部之间的通信链路职能。美国太空军第 16 太空控制中队在演习中提供了"通信环境多波段评估"能力，美国太空探索技术公司的"星链"低轨卫星也参与了演习。

第五次演习原计划于 2021 年第二季度在印太地区举行，但因预算限制被取消。

"全域作战"概念以"联合全域指挥与控制"为核心，以"陆海空一体化"及太空与网络为基础，充分利用二者在交战规则、机动方式和作战效果等方面的优势。"联合全域指挥与控制"是由美国国防部发起、联合参谋部协调、空军主导、相关军种积极参与的项目，通过实现传感器、通信系统和数据的融合，以使陆海空天各平台与武器之间共享目标数据，确保美军做出最有效、最致命的威胁响应，目的是将美军联合能力提升到一体化融合的新水平。在此之前，美军各军种各自训练、装备和提供部队，然后由联合参谋部或战区司令部等机构进行协同作战，以确保各部队及其通信和武器系统协同工作，相互兼容，但远没有达到一体化融合水平。美国国防部目前正领导一个联合跨职能小组探索发展"联合全域指挥与控制"，成员来自国防部首席信息官办公室、研究与工程副部长办公室和采办与保障副部长办公室。

2021 年 5 月 13 日，美国国防部长奥斯汀签署"联合全域指挥与控制"战略，进一步推进落实"全域作战"概念，旨在通过高带宽、高弹性的安全通信网络为所有部队提供数据传输服务，帮助作战指挥官在面临强大对手的潜在威胁时，高效做出决策。各军种目前正在数据、人员、技术、指挥控制、任务伙伴环境 5 个关键方向开展与"联合全域指挥与控制"相关的研发与试验工作，包括空军"先进作战管理系统"项目、陆军"会聚工程"、海军"超越"项目等。为实现"联合全域指挥与控制"能力，美国国防部首先应确定联邦数据结构的定义,即一个具有通用标准和工具的数据管理环境;同时还要寻求一个在战场上验证用户身份和网络访问管理的工具;关注人工智能等关键技术的整合与扩展,支撑作战人员决策。

四、结束语

总体上看,经过几年的辩论、兵棋推演和实兵试验,"多域作战"概念已逐渐成熟,并已于 2020 年初演进为全军"全域作战"概念。"多域作战"概念本身就是美军之前联合作战概念在陆军的落实和深化,最后又升级演进为美军在联合作战概念基础上强调多军种更加紧密"融合"的"全域作战"概念;联合作战概念强调的是跨军种"联合","全域作战"概念强调的则是多军种在所有作战域"融合";所有军种都要在"融合"中找准自身位置,发挥更大作用。

不过,美国战略与国际研究中心和《空军》杂志在 2021 年 8 月上旬皆发文指出,美国各军兵种和各司令部机构各自开发的指挥网络存在相互不协调问题,将使"联合全域指挥与控制"系统的发展面临诸多风险与关键技术制约,亟需建立相关机制以推进各军种在"联合全域指挥与控制"系统建设方面的协调发展。

(陆军研究院炮兵防空兵研究所　岳松堂　刘婧波)

2021年美国陆军电磁战能力发展新动向

电磁战是美国陆军应对未来大国冲突中作战能力的重要组成之一。近期，美国陆军在电磁战能力发展方面采取了诸多举措，涉及电磁战规划管理、力量建设、技术研发等多个方面，以期重塑其冷战时期拥有的超越其他国家军队的电磁频谱优势。

一、深入开展电磁战相关理论研究，探索战场电磁战运用

美国陆军认为，电磁战作战理论是指导当前大国竞争环境下战场电磁战运用的关键，为此大力开展电磁战相关理论研究，并取得相当成果。2021年8月，美国陆军发布了新版《FM3-12 网络空间作战与电磁战》条令，以取代2017年4月发布的《FM3-12 网络与电子战行动》条令。新版FM3-12条令概述了陆军面临的作战环境及网络作战和电磁战对陆军作战功能的支持，详细介绍了网络空间作战和电磁战的类型及其相关任务和影响，阐述了陆军网络空间作战和电磁战的组织机构及职责，描述了陆军如何通过作战流程整合和同步网络空间作战和电磁战，为规范陆军协调、整

合和同步网络空间作战与电磁战的战术与流程和支持联合作战行动提供了明确的指导。

此外，美国还在基于信息优势的概念开展信息优势理论研究。2021年10月，美国陆军卓越网络中心指挥官保罗·斯坦顿表示，陆军正在制定"信息优势条令"，旨在帮助指挥官更明智、更快速决策。目前，美国陆军正在通过作战实验，探索战术指挥官运用网络、电磁战和信息战等动能能力的方式，以及获得上级部门支持的流程，并考虑在每个指挥层次内设立G-39部门，重点关注信息能力。在作战前沿，陆军通过电磁战等新兴方式增强战术网络电磁效应，并针对不同的对手采取不同的信息战方式。美国陆军官员表示，"信息优势条令"将重点瞄准五项核心任务：支持决策、保护已方信息、告知和教育国内受众、告知和影响国际受众以及信息战。其中信息战包括电磁战，美国陆军2021年6月举行的联合作战评估实验（JWA21）演练评估的重要内容之一就是信息优势，涉及电磁战内容的成果为陆军电磁战条令的推出提供了重要帮助。

二、加强电磁战规划与管理，提升战场电磁频谱态势感知能力

"电磁战规划与管理工具"（EWPMT）是美国陆军实现电磁频谱优势的支柱项目，对于提供美国陆军战场电磁频谱态势感知能力至关重要。2021年2月，在美国武装部队通信与电子协会举办的奥古斯塔技术网（ThchNet Augusta）线上解决方案系列会议期间，美国陆军网络卓越中心的电磁战能力主管在"美国陆军电磁频谱能力发展趋势与需求"的议题中作的报告中指出，"美国陆军正在有序推进电磁战规划与管理工具和频谱分析仪这两种主要电磁战能力的发展"，这两种能力对于美国陆军非常重要。"电磁战规

划与管理工具"是指挥官用于控制、管理和主导电磁频谱的工具，该工具还提供了对电磁战装备进行远程控制和管理的能力，并通过协调电磁战和频谱管理行动来实现电磁机动。

"电磁战规划与管理工具"作为一个用于指挥控制的多功能电磁战规划工具，可使作战人员能够规划其电磁频谱行动，进行电磁频谱战斗管理，并对战场上的电磁频谱传感器和干扰机进行重编程。通过收集各种数据，包括地面上的射频辐射源进行建模和仿真的地理空间数据，频谱管理人员可以对特定的电磁频谱进行规划并进行频率去冲突。该工具还使频谱管理人员能够处理联合频谱干扰报告。经过多年发展，"电磁战规划与管理工具"正在进入装备部署阶段。美国陆军计划于 2022 财年初开展初始作战测试和评估工作，2023 财年第一季度开始在整个陆军范围内部署。频谱分析仪是美国陆军频谱管理人员多年一直在呼吁将其列为正式型号项目，当前由于美国陆军缺乏全军范围的标准频谱分析仪，还缺乏制度上的训练、支持和维护，这些问题都使频谱管理人员无法充分发挥其潜能。

三、聚焦战术电磁战行动，加快电磁战力量扩展步伐

美国陆军自 2018 年将电磁战作战人员纳入网络空间部队以来，一直围绕一个名为网络电磁行动（CEMA）的新兴概念进行融合，实际上也就是在战术层面进一步加强电磁战能力。2021 年 5 月，美国陆军网络司令部司令斯蒂芬·福加蒂中将表示，第一支网络电磁行动分队（隶属美国陆军第 915 网络战营）已经成立，并实现"全面部署"，该分队可帮助指挥官规划战术网络电磁行动。美国陆军未来将共成立 12 支网络电磁行动分队。美国陆军声称，"将在每个旅战斗队、战斗航空旅、师、军和陆军部队组成司令部中

都要部署网络电磁行动分队",可作为网络和电磁战参谋部门使用,担任陆军指挥官的网络电磁行动规划者和管理者。为提升反应能力,美国陆军还通过"Starblazor"项目将软件开发人员派到战术前线,现场对电磁战和无线电频谱系统进行再编程,以分析处理冲突期间战场上可能出现的新信号,及时提升快速的战术电磁战能力,这种能力是美国陆军以往所不具备的。

在力量规模上,2021年美国陆军在扩大其电磁战部队,计划在未来两年内将电磁战人员的数量增加近3倍,目前已经开始在旅级及旅以上部队的每个层次中配备专门电磁战部队。2021年5月,美国陆军网络学校校长保罗·克拉夫特将军在"老乌鸦"协会主办的网络电磁活动会议上表示,陆军网络学校正准备在未来两年内将电磁战学员的入学人数从180人增加到500人。美国陆军认为,潜在对手高度重视电磁频谱,正在大力投资电磁战以及根据电磁特征定位敌方部队的能力。随着电磁空间受到更多关注,美国陆军需要更多了解电磁环境并能够将其转化为帮助指挥官做出更明智决策的电磁战人员。此外,作为美国陆军部队编制体制调整的一部分,每个旅战斗队都将拥有一个电磁战排和一个单独的信号情报网络支持单元。

四、实施电磁战重大项目开发,拓展电磁战技术能力

2021年以来,美国陆军加紧开发电磁战新项目、新技术,以满足其未来应对大国竞争的作战需求。2021年美国陆军开展了"多功能电磁战"(MFEW)重大电磁战研发项目,该项目包括地面层和空中层两部分。

其中地面层部分包括旅战斗队系统(TLS–BCT)和旅级以上地面层系统(TLS–EAB)。旅战斗队系统是美国陆军第一个用于旅的集成网络、信号情报和电磁战能力的系统,2022财年计划投入资金约3970万美元;旅级

以上地面层系统将为旅以上梯队指挥官提供感知、改进地理定位、实施非动能火力和支持动能瞄准的能力，2022财年计划投入资金约为1950万美元。2021年7月，美国陆军需求监督委员会于批准旅级以上地面层系统计划，2022年开展旅级以上地面层系统原型设计，2024年开始小批量生产并装备多域特遣部队。

多功能电磁战项目的空中层系统主要是研发机载干扰器技术，并与无人机进行集成。2021年8月，美国陆军开始为这一项目的空中层部分寻求空中干扰吊舱，目前系统处于演示验证阶段。美国陆军负责电磁战和网络的项目副经理表示，当使用所有的电磁战能力时，地面层系统－旅战斗队、地面层系统－旅以上梯队和空中层系统都将集成在一起，以提供电磁战和网络空间效应。

2021年5月，美国陆军还在"刀锋21"演习中测试了空中层系统，这是陆军第一个安装在MQ－1C"灰鹰"无人机上的电磁攻击系统，美国陆军计划在2022年正式装备空中层系统。美国陆军表示，计划2021年夏天将网络能力拓展到多功能电磁战之中，这也"会聚工程"和太平洋防御2021演练的一部分。2021年7月，美国陆军还在开始试验一种名为Starblazor的新技术理念，即软件开发人员在战术边缘重编程电磁战和无线电频率系统，及时应对新出现的威胁。Starblazor技术已经用于2021年夏季举行的师级规模的太平洋防御演习，主要对电磁战新技术和新概念进行了试验验证，以支持美军印度－太平洋司令部的联合多域作战行动。2021年8月，美国陆军正在推进的"机载侦察和电磁战系统"飞机完成了首飞，该飞机能在12192米的高空持续飞行长达14小时，有助于美国陆军打造现代化的情报、监视、侦察和电磁战能力。另外，美国陆军还进行了"空中侦察与目标多任务情报系统"技术演示，将用于装备比"机载侦察和电磁战系统"飞机更小的平台，如"挑战者"650侦察机（平台为加拿大的庞巴迪"挑战者"系列商务机）等。

五、未来发展趋势

从未来发展来看，一方面，美国陆军未来将进一步深化电磁战理论研究，尤其将网络空间与信息优势以及电磁优势相互结合方面的研究，美军最新颁发的《FM3-12网络空间作战与电磁战条令》是其最新研究成果。另一方面，美国陆军将频频举行如"联合作战评估实验""会聚工程"等实践验证活动，重点对电磁战理论和电磁战行动进行作战行动评估检验，并在后续相关活动中根据评估检验结果进行调整优化。最后，美国陆军还将扩大电磁战作战力量规模和电磁战装备技术开发，特别是聚焦旅级以下的战术层次的行动。总之，美国陆军对电磁战能力发展的高度重视，以及其目标明确的相关举措，都是为了应对未来大国竞争，目标就是要打造一支能力强大的陆军电磁战部队，谋求未来作战的电磁频谱优势乃至决策优势，为美国陆军作战及其倡导的多域作战提供坚实的作战能力支撑。

（中国人民解放军32802部队　夏文成　赵敏）

美国陆军精确打击导弹发展及作战运用分析

美国陆军近年来重点发展"精确打击导弹""远程高超声速武器系统"等多型远程火力打击系统,企图恢复在陆基远程精确打击能力方面的优势,应对俄罗斯等均势对手的威胁。"精确打击导弹"是一型战术弹道导弹,由M270A1和"海玛斯"多管火箭炮发射,兼具远程对地打击和反舰作战能力。2021年10月13日,"精确打击导弹"在加利福尼亚州范登堡太空军基地进行的飞行试验中打破射程纪录,超出此前设定的499千米射程要求。"精确打击导弹"未来有可能随美国陆军在印太地区部署,应予以重点关注。

一、发展情况

"精确打击导弹"将替代美国陆军现役的"陆军战术导弹",战技性能较后者有大幅提升,是支持陆军实施"多域作战"概念的重要系统。

(一)"精确打击导弹"是美国陆军落实"多域作战"概念的重要支撑系统

随着美国战略重点向大国竞争转变,陆军提出"多域作战"概念,致力于保持传统地面作战优势,并向空中、海上、网络、太空等其他作战域延伸,从而能够在未来联合作战中汇聚各作战域能力,支持各军种作战,取得对俄罗斯等均势对手的优势,并提升陆军的地位和作用。但是,陆军现有远程火力打击能力不足以支持"多域作战"概念,其射程最远的"陆军战术导弹"只能打击300千米范围内的地面固定目标,与主要对手相比并不具备优势,无法形成有效威胁,更难以为海、空军提供支援。为此,美国陆军在2017年底启动的新一轮装备现代化中将发展远程火力打击系统视为重中之重,加紧研制"精确打击导弹""远程高超声速武器系统"等系统。其中,"精确打击导弹"部署运用灵活、成本适中、能打击舰船目标,是美国陆军未来在"多域作战"中使用的主要远程战术打击武器。

(二)"精确打击导弹"战技性能较现役装备大幅提升

按照美国陆军要求,"精确打击导弹"的战技性能较"陆军战术导弹"有显著提升:一是射程远,达到500千米,2030年前通过改进再提升至750~800千米;二是体积小,平台载弹量大,弹径432毫米,约为"陆军战术导弹"的2/3,使火箭炮发射箱的载弹量从1枚提升至2枚,可连续发射,同时打击两个目标;三是具备打击地面和海上移动目标的能力,采用新型GPS接收器和惯导装置,可在GPS干扰环境下保证对静止目标的打击精度,2026年改进后加装红外成像/被动雷达导引头,能在弹道末段识别并锁定移动目标;四是采用预制破片杀伤战斗部,具备较大的杀伤范围。五是成本适当,批量生产后单价约90万美元,约为"战术战斧"导弹价格的60%,可以大量发射使用。

(三)"精确打击导弹"采用分阶段研发模式

美国陆军为加快"精确打击导弹"的研发和列装进度,计划分3个阶段逐步实现预期作战能力:一是2023年列装基本型,具备打击500千米范围内地面固定目标的能力;二是 2026 年加装导引头,具备反舰作战能力;三是 2030 年前升级为增程型,进一步拓展打击范围。美国陆军抓紧开展导弹试验与评估工作,已完成 5 次成功的飞行试验:在 2020 年技术成熟和风险降低阶段,进行了 3 次飞行试验,射程分别为 240 千米、180 千米和 85 千米;2021 年 5 月,在新墨西哥州白沙导弹靶场的试验中射程超过 400 千米;9 月,美国陆军批准"精确打击导弹"项目进入工程与制造开发阶段,并授予洛克希德·马丁公司价值 6200 万美元的合同,用于生产产品满足早期作战能力要求;10 月 13 日,"精确打击导弹"在试验中打破射程纪录,超出 499 千米射程要求;在美国陆军"会聚工程-2021"演习中,精确打击导弹还计划进行两发齐射试验。目前,美国陆军已验证了"精确打击导弹"的射程、精度、战斗部威力以及与发射平台的兼容性,并已着手建立导弹生产线。此外,美国陆军还在探索"精确打击导弹"2030 年后改进方向,包括评估能将导弹射程提升到 1000 千米以上的新发动机技术,开发巡飞子弹药等新型战斗部,研制无人导弹发射车等。"精确打击导弹"项目近期首要任务是实现对海上目标的杀伤力。美国陆军一直以来都在投资开发增程推进技术,并取得良好效果,将在 2022 财年就"精确打击导弹"采取何种推进技术做出决策。

二、作战运用分析

根据陆军计划,"精确打击导弹"将重点列装多域特遣部队,部署印太、欧洲等地区,战时执行对陆和对海远程打击任务。

(一)列装多域特遣部队和军属野战炮兵旅,提升陆军远程打击能力

"精确打击导弹"作为 M270A1 和"海玛斯"火箭炮的配用弹药,未来将列装配有火箭炮的美国陆军多域特遣部队和军属野战炮兵旅。其中,多域特遣部队是美国陆军为实践"多域作战"概念而组建的新型作战部队,下设战略火力营,用于在与均势对手的高端战争中为联合部队提供火力支援。战略火力营下设"海玛斯"火箭炮连,配装"精确打击导弹"后能够远距离精确打击对手工事掩体、地面部队、防空阵地、舰船等目标,为陆军地面机动部队、海军舰船、空军战机提供火力支援,削弱和压制对手在某一区域或海域内的火力打击和防空能力,确保己方部队安全和行动自由。军属野战炮兵旅根据作战需求也会装备"精确打击导弹",以提升远程火力支援能力,包括第1军的第17野战炮兵旅、第3军的第75野战炮兵旅、第18空降军的第18野战炮兵旅,以及驻韩美军的第210野战炮兵旅和驻德美军的第41野战炮兵旅。

(二)重点部署在印太和欧洲地区,应对俄等大国威胁

在大国竞争背景下,美国持续加强在欧洲和印太地区的军事存在,对俄罗斯等均势对手施压。美国陆军目前计划组建5支多域特遣部队,其中有2支部署在印太地区,1支在欧洲。近年来,美军还频繁在印太和欧洲地区开展军事演习。其中,在2020年举行的"太平洋捍卫者2020"和"快速猎鹰"演习期间,美国陆军多次演练了用C-130运输机快速部署"海玛斯"火箭炮的战术,分别打击西太平洋和黑海上的舰船目标,针对俄罗斯等国的意图明显。"精确打击导弹"作为美国陆军未来主要的远程陆基反舰和对地打击武器,必然会随多域特遣部队和驻韩、驻德美军部署在印太和欧洲地区,平时参与军事演习,对俄罗斯等国施加压力,战时可打击对手沿海地区、岛屿和舰船,破坏作战行动,封锁重要航道。

(三)配合立体多域侦察体系及智能化指控系统,高效遂行火力支援任务

为支持"精确打击导弹"等新型远程精确打击武器作战,美国陆军正在同步发展新的侦察体系和"战术目标瞄准访问节点"指控系统。新的侦察体系包括太空、空中、地面三个层级，其中，太空层主要是美军的低轨道情报监视侦察卫星（通过与其他军种和单位合作获得使用权）；空中层包括高空气球，以及陆军和其他军种的有人和无人侦察机；地面层包括侦察车、地面雷达、无人值守系统等。"战术目标瞄准访问节点"系统能够获取卫星、侦察机等各作战域侦察单元的大量传感器数据，利用人工智能技术在短时间内将这些数据融合为有用的目标信息并生成目标优先级列表和火力分配方案，使指挥官能够快速作出决策，系统处理后的数据还可直接发送给"海玛斯"火箭炮连，为导弹提供目标指示。美国陆军计划 2022 年开始逐步部署"战术目标瞄准访问节点"系统以及立体多域侦察体系中的各型装备，为"精确打击导弹"等远程精确打击武器构建从侦察到打击的高效杀伤链。

三、结束语

美国陆军大力发展"精确打击导弹""远程高超声速武器系统""机动中程导弹系统"等新型远程打击武器，将大幅拓展火力打击范围，提升瓦解均势对手"反介入/区域拒止"系统的能力和陆基反舰能力。这些新型远程打击武器结合"战术目标瞄准访问节点"系统等侦察监视能力，可在对手防空系统拦截范围外侦察中远程导弹发射阵地等高价值目标，并借助智能化指控系统在短时间内实施打击，实现从侦察到打击的高效杀伤链。

（中国兵器工业集团第二一〇研究所　王建波）

机器学习成为提升火炸药研发安全的新途径

2021年，美国海军采用机器学习技术预测了含铝固体推进剂的燃速，预测结果的均方根误差仅为2.9毫米/秒。机器学习是加速材料创新发展的颠覆性技术，能有效利用材料实验数据或仿真所产生的大数据，快速、高效地进行材料设计、合成条件优化、性能预测等。近5年，美国国防部高度重视机器学习技术在火炸药研发领域的应用，用于预测火炸药能量、力学性能等，显著提高火炸药研发安全性、缩短研发周期、降低研发成本。

一、机器学习用于火炸药研发的流程

机器学习是基于大数据的数据分析处理技术，能直接从数据中"学习"信息，并自适应改进计算算法、预测相关性能。机器学习技术用于火炸药研发，能进行火炸药设计与性能预测，大致流程包括四步：第一步，基于已有含能材料数据库，提取含能材料的特征描述符（氧平衡、原子力等），形成初始特征描述符与性能参数（生成热、力学性能等）关联数据集；第二步，建立特征描述符与性能参数的关联模型，用已有含能材料数据对模型进行训练学习,并验证模型有效性;第三步,用训练后的模型设计新型含能材料、预测含能材料性能;第四步,通过实验验证新型含能材料性能,并将试验结果反馈到初始含能材料数据库,对关联模型进行反复训练。如此循环多次,提高机器学习预测准确性(图1)。

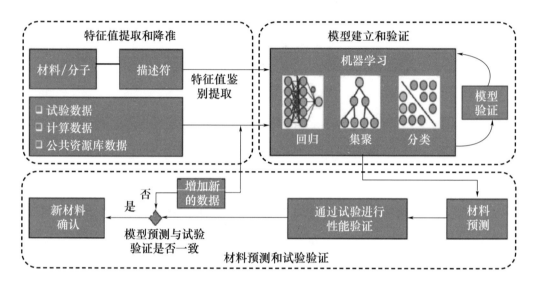

图 1 机器学习技术进行材料设计的流程图

二、机器学习用于火炸药研发具有快速高效安全的优势

机器学习用于火炸药研发,可基于含能材料数据库,通过模型训练学习,实现含能材料性能的快速准确预测、新型含能材料筛选、合成路径优化、含能材料数据库扩充等,使火炸药研发更加经济、高效、安全。

实时训练并即时处理数据,快速准确预测含能材料性能。机器学习能及时处理含能材料数据,并进行数千次及以上的反复训练学习,加速含能材料特征描述符与性能关联模型的开发与优化,快速准确预测生成焓、爆速、爆压、感度等性能。

无需对大量信息进行繁琐处理，减轻数据处理压力。机器学习技术能对含能材料数据库中的大量信息进行分类、降维处理，仅提取与预期目标密切相关的特征数据，即可准确预测含能材料性能。

快速设计筛选新型含能化合物，缩短研发周期。机器学习用于新型含能化合物分子结构的设计，针对不同的性能需求设计合成与之匹配的含能材料，可从数千个潜在含能化合物中筛选出数十个有潜力含能化合物，减少试验探索次数，极大缩短研发周期。

设计合成路径、优化工艺参数，减少试验次数，提升安全性，降低成本。常规含能材料研发普遍采用"试错法"进行迭代试验，通常需花费数天时间设计合成路径，并耗费数月进行试验与优化。采用机器学习技术可准确计算目标含能材料制备过程各个阶段的参数，优选合成路径，提高合成速度和准确率，减少实验验证次数。而且，机器学习技术能对含能材料微流控、增材制造等工艺进行计算、过程监测，优化工艺参数，提高安全性，降低成本。

扩充完善含能材料数据库，进一步提升新型含能材料研发效率。机器学习预测所得数据，能扩充完善含能材料数据库，促进关联模型优化，通过再学习，进一步提高预测精度、扩大应用范围，提升新型含能材料研发效率。

三、机器学习用于火炸药研发的现状

机器学习技术在含能材料领域的应用可分为三个阶段（图2）：第一阶段是结构–性能预测，即基于含能化合物分子结构数据，运用局部优化算法（神经网络模型、高斯过程回归等），预测含能材料爆轰、化学、毒性等性能；第二阶段是晶体结构预测，即输入材料元素组成，通过全局优化算法（对抗网络模型等），预测晶体结构和性能；第三阶段是统计驱动设计，即输入化学、物理数据，通过深度机器学习方法（数据驱动算法、人工神经网络模型等）设计含能化合物分子组成、优化结构并预测性能。

近5年，机器学习逐步拓展应用于含能材料领域，取得较大进展，尤其是第一阶段已发展成熟，实现了含能材料爆速、爆压、感度、力学、毒性等性能的快速准确预测。第二阶段获得初步发展，预测了含能材料微观结构与性能。第三阶段是未来发展方向，将实现从分子设计到结构、性能的全系统预测。

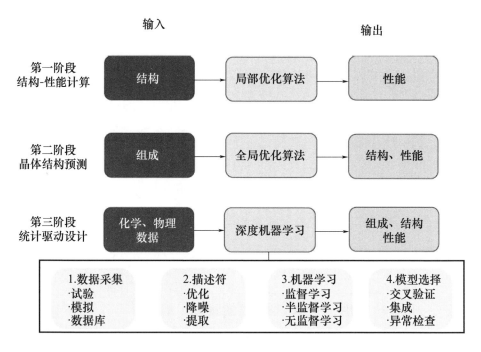

图2 机器学习技术发展三阶段示意图

（一）基于分子结构数据库快速预测含能材料性能已趋成熟

基于已有分子结构数据库信息，构建分子结构数据与含能材料性能关系模型，通过对已有数据的训练可准确预测含能材料的能量、毒性、物理化学性能等。

预测含能材料的能量与物理化学性能。2018年，美国陆军、海军均利用机器学习快速预测含能材料的生成热、密度、爆炸当量、爆速、爆压等性能，在已有数据基础上建立优化了神经网络结构模型和高斯过程模型，成功预测了黑索今（RDX）、六硝基六氮杂异伍兹烷（CL-20）等炸药的爆轰性能，为高通量筛选含能材料提供了安全可行的方法；挪威利用机器学习预测炸药分子晶体密度，预测误差达到4%。

预测含能材料毒性。2019年，法国利用机器学习预测含能材料物理化学性能和毒性，一定程度上解决了毒性试验周期长、成本高等问题。研究建立了极端随机树集成模型，预测了含能材料的毒理学性能，包括污染物致突变性、染色体突变性、小鼠淋巴瘤试验、显性致死试验、致癌试验等，预测准确率达87.5%。

机器学习与试验图像结合预测含能材料抗压性能。2020年，美国劳伦斯·利弗莫尔国家实验室采用机器学习与扫描电镜、X射线衍射等试验图像结合，预测了三氨基三硝基苯（TATB）炸药的抗压性能。与当前采用的专家评估、仪器表征等方法相比，新方法的预测误差降低了24%（图3）。

（二）基于元素组成预测含能材料分子结构与性能获得初步发展

运用全局优化算法构建元素组成、微观结构与性能参数关系模型，筛选高性能含能化合物，对材料微观结构进行设计和控制，达到控制爆轰、感度等性能的目的，通过计算优选出高能不敏感新型含能材料。

通过调整模型参数控制材料微观结构，调控爆轰、感度等性能。2020年，美国空军基于深度机器学习技术对含能化合物微观结构进行模拟、设计，研究了含能化合物的微观结构与性能的关系。利用深度学习技术建立

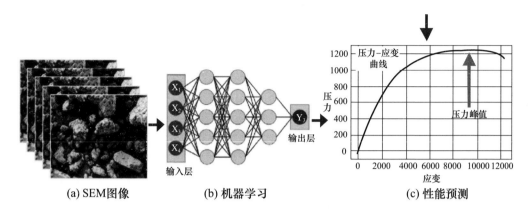

图 3　基于图像预测含能材料抗压性能示意图

了模型，用奥克托今炸药扫描电镜图像对模型进行训练优化。通过调整模型参数控制含能晶体微观结构（晶体尺寸、生长方向、孔隙分布等），可以控制爆轰、感度等。将机器学习与微尺度增材制造（微 3D 打印）技术综合运用于含能材料领域，将极大推动结构可控、性能可调含能材料的快速发展。

综合采用机器学习技术与含能材料信息，快速发现全新高性能含能材料。2020 年，加拿大国防研发部利用机器学习、材料信息学和热化学数据，从 PubChem 数据库中 1.4 亿个分子中筛选出 2732 个理论爆热大于 4500 千焦/千克的碳氢氮氧型含能化合物，利用训练后的机器学习算法，经过两次筛选和理论性能验证，优选出 29 个爆炸能量高于 1.8 倍梯恩梯当量的新型含能化合物。后续研究中，需要综合考量能量、摩擦感度、撞击感度等性能。

（三）基于物理、化学数据统计进行分子设计、预测结构和性能将是未来研发重点

机器学习用于材料的反合成研究，已初步用于化学领域，通过对海量化学、物理数据统计训练学习，验证了自主模拟分子设计、优化合成路径、预测工艺参数的可行性。例如，美国陆军与麻省理工学院联合利用神经网络模型，能在 100 毫秒内预测合成目标有机物所需的溶剂、催化剂、反应温度等参数，预测最优温度与实验获得的最佳合成温度的误差为 10%；美国海军将现有增材制造工艺参数（激光强度、扫描速度等）与材料性能参数（孔隙率、表面粗糙度等）作为数据库，建立工艺参数与性能关系模型，可根据材料需求，直接确定增材制造材料或零部件的工艺参数（图 4），未来有望节省 90% 的测试时间和成本；韩国基于化学反应大数据利用机器学习预测最优合成路径，可生成并筛选出预期的较佳合成路径。

基于物理、化学数据统计进行含能材料分子设计、合成路径优化、微观结构和性能预测，将成为未来研发重点，有利于加快高性能含能材料的优选与制备。

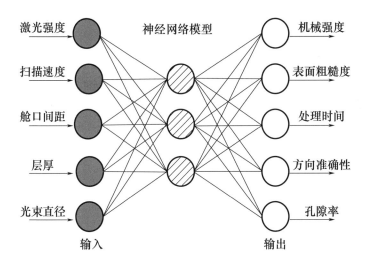

图 4　机器学习神经网络模型优化增材制造工艺参数模拟图

四、结束语

机器学习用于新型含能材料爆轰性能和物理化学性能的预测已取得较

大的发展，预测结果更加快速准确，通过机器学习对性能参数的预测和优选，可有效减少含能材料性能测试的次数，提高研发效率，节约测试成本，降低研发费用。国外已运用机器学习进行了含能化合物分子设计，但仍处于研发初级阶段，尚未对新设计的含能化合物进行合成研制等。同时，基于日益充实丰富的物理化学数据库，利用机器学习对含能材料进行研发全周期的设计和预测，包括分子结构设计、性能预测、合成工艺路线优化等，将成为未来研究的重点。

（中国兵器工业集团第二一〇研究所　范夕萍）

美国常规弹药引信电子元器件供应紧张问题分析

近年,美军遭遇常规弹药引信电子元器件供应紧张的局面。美国国防采办大学在 2020 年 4 月发布的《电子元器件产业趋势对常规弹药引信的影响》报告中称,半导体市场目前已无法为美国常规弹药引信生产提供足够的电子元器件。美国重要引信厂家 L-3 哈里斯技术公司也表示,其引信生产所需的电子元器件供应链正面临严重困难。美国引信用电子元器件供应紧张问题是国防行业与高度商业化的半导体行业发展不协调的突出体现,也是整体国防装备电子元器件供应困局的一个缩影,值得高度关注。

一、美国常规弹药引信用电子元器件供应渐趋紧张

受全球智能手机、汽车和物联网等市场迅速增长以及各行业电气化程度不断提升驱动,全球半导体行业创新步伐不断加快,产品、生产设备与工艺迅速迭代升级。相比之下,以常规弹药引信用电子元器件为代表的部分军用电子产品技术进步缓慢,导致其供应难以得到保障。早在 2017 年,

美国国防大学在其《电子行业报告》中就指出，国防部电子元器件采购时间表跟不上半导体行业快速发展的步伐，并敦促政府调整相关政策以适应新形势。2018年，L-3哈里斯技术公司在德怀特·D.艾森豪威尔国家安全与资源战略学院做了一次报告，主题是当前迫击炮弹药生产所需电子元器件供应链所面临的挑战，并称商业市场的冲击已威胁到引信用电子元器件的供应。

针对这一问题，美国国防采办大学在进行深入调研和评估后，于2020年4月发布《电子元器件产业趋势对常规弹药引信的影响》报告（以下简称《报告》），称半导体市场现状已使美国引信生产企业无法获得足够的被动式电子元器件来支持常规迫击炮弹药和火炮弹药引信的生产。《报告》认为，供应商间的并购重组，其他行业电子元器件需求的增加，以及日本等国重要供应商对产品进行出口管制等因素，已导致被动式电子元器件交货期延长。

二、美国常规弹药引信用电子元器件供应紧张的原因

《报告》指出，造成美国常规弹药引信电子元器件供应紧张的原因主要包括以下几点。

（一）电子元器件行业迅速发展，导致引信用电子元器件及相关生产设备、人员逐步淘汰或流失

在半导体行业，电子元器件的封装尺寸迅速向小型化发展，而常规弹药引信对所采用的电子元器件性能和封装尺寸的要求却长期维持不变，这使得美国国防采办时间表与半导体行业的高速发展不匹配，往往到某些采购合同履行时，相应设备和工艺已经逐步从厂商生产体系中淘汰，订单无

法执行。与此同时，随着老旧设备的剥离或出售，相关人员也被重新安置，接受新培训或调到其他岗位。如果未来再接到国防部的新订单，相应的设备和人员都已经不复存在，生产任务更加难以完成。

（二）采办机制僵化，不能及时灵活调整以适应电子元器件行业的迅速发展

美军每种常规迫击炮弹药和火炮弹药的引信都有各自的技术数据包（TDP），内容涵盖装药、装配以及运输、存储、包装等所需的所有信息。调研发现，其中关于被动式电子元器件"封装尺寸"的特殊规定，需要半导体生产企业进行额外投入才能满足，因此伤害了供应商的积极性，也限制了引信制造商灵活选择性能相同的电子元器件替代方案的可能性。

（三）现有厂商的并购重组和产品结构优化，削弱了引信用电子元器件的供应能力

美军引信生产厂家往往通过中间商购买电子元器件。手机、汽车和物联网等行业的快速发展，推动了近年电子元器件生产企业间的大规模并购重组。2001—2016年，全球前20大半导体厂商并购交易金额共计达到1590.8亿美元。其中，对获美国政府批准的制造商进行并购已经导致引信厂家可选供应商数量减少。同时，收购方出于整体盈利能力考虑，会砍掉过时的产品线，聚焦于需求最大的产品。而引信用电子元器件由于需求较少，而且相对于快速发展的消费电子等行业的器件更显老旧，利润微薄，相关产品和生产设备往往属于淘汰优化的对象。

同时，由于美国国防部的采购量只占大型元器件制造企业销售额的一小部分，不足以影响这些企业的运营决策。随着全球各行业电气化程度大幅提升，尤其是消费电子领域需求的持续增加，叠加半导体供应商数量因并购而减少，使国防行业在元器件采购中处于更加不利的地位。

(四) 现有保障美军电子元器件供应的政策法规难以有效执行

美国制定了确保供应链优先满足国防需求的相关政策和机制，但实际操作中难以得到有效贯彻。如国防优先授权机制就是根据美国联邦法规第15章第700节的要求建立的。该机制首先将需要优先保障供应的国防订单评为"额定订单"，并规定相关厂商只有在优先完成"额定订单"的前提下，才能交付其他客户的产品。该机制还规定了蓄意违反"额定订单"要求时相应的处罚和补救措施。但调研认为，"额定订单"合同本应贯穿整个供应链，使相关责任和义务渗透到二级或三级供应商，而现实是这样的机制很难切实得到执行，往往无法强制二、三级供应商履行相应义务。

(五) 重要国际厂商对电子元器件的出口管制，使得美国军用电子元器件来源更趋单一化

日本政府为避免任何可能加剧国际冲突的事件，一直根据武器出口三原则及相关政策谨慎处理武器出口问题。而日本外务省则严格按照政府武器出口管控政策限制涉及武器及其零配件生产、测试设备的出口。L-3哈里斯公司曾称，作为国际重要电子元器件供应商的日本大型厂商，如村田、松下、东芝等，不支持也不会向获美国批准的与弹药生产有直接联系的中间商销售电子元器件。这使得美国引信制造厂家可选供应商数量减少，军用电子元器件来源更趋单一化，因而供应减少、交货期延长，采购成本增加。

三、美国应对措施分析

美国国防部及国会已意识到引信等国防装备电子元器件供应紧张这一严峻问题，并着手予以解决。结合《报告》的提出的建议及后续决策来看，美国将从顶层战略、制度建设及具体操作层面采取措施彻底改变这一状况。

（一）战略层面，巩固和完善本国半导体产业，扭转军用元器件供应链对外依赖局面

美国认为其半导体产业链对日本等其他国家的依赖威胁其国防安全，因此在《2021 财年国防授权法案》中提出鼓励本国半导体制造能力发展的相关条款，以消除这一隐患。为落实该要求，美国会 2021 年 6 月 8 日通过《2021 美国创新和竞争法案》，决定提供 520 亿美元紧急补充拨款，推进国防领域半导体、芯片等关键行业的研发与制造项目。该措施有助于美国从根本上解决包括引信用电子元器件在内的所有军用电子元器件的自主供应问题。

（二）完善制度建设，实行更灵活的采办策略

美国可能变革僵化的采办机制，灵活处理技术数据包的相关规定，从严格遵照技术数据包的要求交付元器件，转变为以性能指标为准则交付元器件。这一策略已在美国空军 FMU－160 对地近炸引信采办工作中试行。该采办项目直接用性能指标要求取代技术数据包的规定，取得了良好效果。

（三）实际操作层面，多措并举，设立专门机构管理和协调电子元器件供应问题，并建立器件储备

美国设立了国防微电子机构（DMEA）和国防部引信集成产品团队，为作战能力发展司令部武器中心（CCDC－AC）陆军引信管理办公室分配相应资源，支持其解决引信部件过时和可生产性风险等问题。同时，《报告》还建议武器与弹药联合项目管理办公室对海、陆、空军弹药引信开展深入调研，全面掌握电子元器件的缺货情况，为制定后续政策措施提供依据。此外，美国负责工业政策的国防部副部长曾向美国国会提交报告，建议国防后勤局储备特定被动式电子元器件。建议一旦得到批准，则建立储备的做法很可能推广到常规弹药引信用电子元器件上。

四、几点认识

作为国防领域中对电子元器件供需矛盾最为敏感和脆弱的行业之一,美国引信企业出现电子元器件供应紧缺状况可能具有一定指标意义,警示未来国防行业可能面临的供应困局。

(一)制定具有穿透力的供应链保障政策

避免类似美国的错误,根据实际情况制定切实可行、可渗透到整个供应链各级供应商的国防电子元器件优先供给政策与制度,防止相应设备过早淘汰和人员流失,确保需要时可以迅速动员足够的生产制造能力。

(二)建设完善的国防专用元器件研发与生产体系

没有引信专用元器件可用、只能大量采用通用器件、尺寸大、功耗高等问题在各国普遍存在。要改变这一现状需要依托整体国防电子元器件研发与制造能力的提高,以及完善的专用元器件研制体系的建立。美国正通过《2021美国创新和竞争法案》大力推动国防领域专业半导体、芯片的研发与生产项目,从根本上解决包括引信在内的所有国防装备电子元器件供应问题,值得学习借鉴。

(三)推动建立电子元器件创新体系

为使以常规弹药引信用电子元器件为代表的军用电子产品发展速度,紧跟半导体行业技术、工艺和产品的创新步伐,应建立多层次联合创新体系,在电子元器件领域探索成立制造创新中心,鼓励承包商围绕各自特色或细分领域,开展关键技术研发与产业化。

(中国兵器工业集团第二一〇研究所　柏席峰)

主要国家单兵飞行器技术发展动向分析

2021年3月初,美国国防高级研究计划局发布招标书,提出研制便携式单兵飞行系统,用于执行特种作战、搜索救援、城市作战、海上拦截和后勤等任务。这些轻量级、低成本单兵飞行系统一旦研发成功,将使士兵无需依赖直升机,就可从空中部署或从地面或舰上起飞,获得更大越野机动性,执行特战任务、城市作战,改变未来战争形态。

一、最新动向

单兵飞行系统(或单兵飞行器)主要分为动力型飞行器和无动力型飞行器,动力型飞行器安装有飞机发动机或者火箭发动机,无动力型飞行器则由翼装飞行服、降落伞和头盔等组成,通过在腿部之间和手臂下形成织物区域,增加人体表面面积的翼展,也被称为"鸟人套装""飞鼠套装"或"蝙蝠套装"等。

随着航空技术的不断发展,尤其是微型燃气轮机技术的日益成熟,动力型单兵飞行器受到关注,引起美国国防高级研究计划局、英国海军、法国国防部等各国军方的重视。

(一) 美国军方提出单兵飞行器研制需求

美国单兵飞行器技术开发分散于数家公司,其最初的产品偏向于民用,近年来美国军方根据作战需求,提出研制特种作战等应用的单兵飞行器。

2021年3月,国防高级研究计划局在项目招标书中提出要研制的单兵飞行系统可以是喷气背包、动力滑翔机、动力翼装和动力翼伞等,这种装备的具体要求包括:①可由单人或几人轻松携带,易于快速部署;②搭载单兵飞行距离不小于5千米;③可在任何地方起飞,使用最少的工具在10分钟内完成组装等飞行准备;④操作简单,没有经验的士兵只需经过短时间培训就能学会使用;⑤可借助电力推进、氢燃料电池或传统推进技术提供动力,同时应具备极好的隐身性,噪声和热特征信号低。国防高级研究计划局计划分两个阶段实施该项目:第一阶段开展技术可行性研究,分析系统的预期性能以及达到演示系统所需的技术成熟路线图;第二阶段重点通过分析和相关试验,选出重点技术方案并使其成熟化,最终进行地面和飞行测试,以确定系统的可行性。

此外,美国特种作战司令部曾在2016年与美国喷气背包航空工业公司进行谈判并达成了一项研发协议,目标是开发一种重量、携带燃料量是当时型号两倍的军用单兵飞行器。喷气背包航空工业公司当属单兵飞行器领域的先行者。该公司已经从事垂直起降飞机的改进工作超过10年,在设计、样机制作和建造垂直起降飞行器方面有多年经验,可设计和建造包括印制电路板到所有软件编码的计算机系统。该公司JB9 JetPack曾在2015年完成了绕过纽约自由女神像的壮举,其JB10 JetPack是唯一获得认证的实验类涡轮垂直起降飞行器(图1)。

图 1　喷射背包飞行公司的执行长梅曼在纽约自由女神像前
展示 JB-9 喷射背包

(二) 英国喷气背包技术已在战场环境进行演示

2021 年 5 月,英国皇家海军陆战队队员在英吉利海峡测试重力喷气背包,测试期间,穿戴重力喷气背包的英海军陆战队员可从一艘小型战舰上起飞,轻松飞临"塔玛尔"号战舰。该重力喷气背包最大飞行速度为 88.51 千米/小时,燃油储备可满足 5~10 分钟飞行所需,每套装备价值 30 万英镑。在此之前,重力工业公司设计的"喷气服"背包已部署至英国陆军某炮兵部队,并于 2020 年 10 月试验了在战场上利用"飞行士兵"快速提供支援的概念。试验中,配备"喷气服"背包的理查德·勃朗宁演示了一名飞行士兵可以飞越战场并降落在 AS90 式 155 毫米自行榴弹炮顶部(图 2)。

重力工业公司2016年开始研发"代达罗斯一号"喷气背包,2017年首次完成试飞。2019年7月,测试人员穿戴该喷气背包完成水上测试,成功证明该喷气背包可使穿戴者在大面积水域上飞行。

重力工业公司的单兵飞行器通过测试对结构和性能进行了优化。2019年测试用的"代达罗斯一号"喷气背包使用石墨烯复合材料,重约45千克(含燃料),升限达610米,最大飞行速度为80千米/小时;采用6台小型涡喷发动机,背部2台,手臂各安装2台。而2021年测试的重力喷气背包系统最大飞行速度为88.51千米/小时,共配备5台微小型喷气发动机,背包内装1台、手臂各装2台,每台均提供215.6牛的推力。两款飞行器均通过士兵手臂控制飞行方向和速度。

图2 重力工业的创始人理查德·布朗宁在
英国皇家海军基地展示他的喷气背包

(三)法国"空中飞板"完成多次演示

2019年8月,测试人员乘用法国扎帕塔公司研制的"空中飞板",用时

22分钟成功飞越宽约35千米的英吉利海峡（图3）。"空中飞板"于2016年开始研发；2018年获得法国国防部130万欧元的投资；2019年7月在法国国庆节阅兵式上展示，一名法国士兵手持步枪乘用"空中飞板"绕凯旋门飞行一周。法国国防部认为，"空中飞板"可用于侦察敌方的领土、疏散伤员、医疗急救、军事补给，以及城市作战等。

图3 法国国庆节阅兵展示的"空中飞板"

法国扎帕塔公司研制的"空中飞板"升限达3000米，最大飞行速度为150千米/小时，由踏板、背包、头盔、控制系统四部分组成。踏板重约20千克，载重102千克；装有6台小型涡喷发动机，每台额定功率184千瓦。背包储存航空煤油，通过两侧的软管为发动机供油。头盔配平视显示器，显示发动机状态、燃料、飞行高度、速度等数据。

二、关键技术

当前各国单兵飞行器普遍处于关键技术和部件技术突破、工程样机研发阶段，仅少部分投入军用测试。单兵飞行器要实现实战应用，还需克服飞行距离和滞空时间短、操作困难、安全性差、噪声和红外信号较大等问题。当前国外技术难点主要集中在以下五个方面。

（一）高效推进技术

要实现单兵的离地、高速飞行，推进技术是核心。推进器需满足推力大、重量轻、体积小、功耗低、环保等要求。当前动力技术主要是小型喷气式发动机、涵道发动机、过氧化氮发动机、大功率旋翼等，其中微型燃气轮机技术比较适合单兵飞行器，但需进一步提升推重比，同时也需考虑到安全性、准备时间、发动机的散热以及驾驶员的舒适度等问题。

（二）结构轻量化技术

从军事应用来看，单兵飞行器必须进行长距离飞行，并提高负重，以搭载更多的装备，对单兵飞行器结构轻量化技术提出了较高要求。实际上单兵飞行器的结构设计不仅要加大新型复合材料的研发及应用力度、最大程度减轻机体结构重量，也要考虑强度、刚度等传统结构设计因素和防护能力。因此研究适用于单兵飞行器的新型高强度轻质材料、优化结构设计提升飞行器整体性能，势在必行。

（三）飞行智能控制技术

单兵飞行器没有门，没有轮子，只是一个座位，飞行员和飞行器的重量接近，飞行员在飞行中可能出现不可预知的晃动、肢体运动等，导致飞行器的重心剧烈变化，因此其控制较常规飞行器更加困难。根据牛顿第二定律，力的作用是相互的，飞行器提供的升力需要人的双臂来承受，双臂承受能力又远没有大腿强，飞行员的双臂很容易疲倦导致方向失控发生事故，这对飞行控制技术提出了新要求。此外，为发挥单兵飞行器的最大效用，还需搭建全方位的地面飞行管理系统，实现与其他飞行器的实时通信，并实时监测大气飞行环境和着陆环境,保障飞行员安全。

(四)能源技术

单兵飞行器的瞬时功率需求大,目前普遍以汽、柴油等化石燃料作为能源,对化石燃料的依赖严重。虽然目前电力推进系统推进的呼声越来越大,但电力推进存在航程有限和充电时间漫长等限制。未来,需突破空中能源快速补充技术,开发高比能量电池技术和提升太阳能充电补给效率,扩展单兵飞行器能量来源,使能源更为环保。

(五)便捷操作技术

单兵飞行器复杂的操作是限制其推广应用的一大障碍。实际上单兵飞行器在几十米的空中飞行,是相当危险的,一旦操作不当,就很容易伤害驾驶员。法国"空中飞板"首次飞越英吉利海峡失败时,测试人员在中途加油时就不慎落入海中。因此普通人必须经过系统培训,才能操作单兵飞行器。例如重力工业公司提供一个会员制度,类似于超级跑车,客户可以为定期训练飞行服付费,同时出于安全考虑,飞行员尽可能在水上飞行。

三、几点认识

随着军事科技的进一步发展,单兵飞行器也将进入快速发展阶段,针对单兵飞行器未来发展,有以下几点认识。

(一)强化部队执行城市作战、登陆作战等特战任务的灵活机动能力

人口向城镇地区和滨海地带集中是全球趋势。单兵飞行器具有协助军队在复杂城市与滨海地形机动的关键能力。机动部队可利用单兵飞行器在不适合较大型载具登陆的复杂地形区域进行登陆行动,不会受沼泽、潮汐变化,以及港勤设施不足或缺乏等地面障碍的限制,快速穿过滩头和复杂

地貌。未来单兵飞行器的预期尺寸，也使其能在旋翼机难以施展的狭窄城镇区域行动，执行水平与垂直包围任务，在诸如高楼等基础设施上空及周边快速进出，更好地应对复杂城市环境。单兵飞行器快速投入与撤出的能力，也可与其他空中和地面机动力量配合行动。

（二）一旦部署应用将强化美军分布式机动构想

美国海军陆战队分布式机动作战构想就是在情势所需情况下，避免兵力集中的不利因素，并在作战条件有利时发挥兵力集中的优势。和直升机相比，单兵飞行器具有低特征信号和高度灵活的性质，能让军队以远超现在速度进行兵力分合，改变未来战争军队分布形态。先头部队可运用单兵飞行器，在最小侦察感知风险下渗透敌军防线，或协助先遣部队作战时夺取初期目标。两栖作战时也可利用单兵飞行器在军舰之间传送兵力、运送后方梯队。

（三）应防范成为对手削弱"反介入/区域拒止"防御的工具

美国海军陆战队正在发展一套远征前进基地作战构想，妄图作为瓦解"反介入/区域拒止"体系之一环。该构想的目标，是要在突破敌手防御的同时，能将已集中部队的脆弱性降至最低。同时还需在严苛的临时性前进阵地，运用相对低成本的机动，协助舰队完成各项作战任务。单兵飞行器具有高度机动性，相较于既有的地面与空中运输系统，其具有低成本的优势，可在毋须大量保修及补给基础设施的条件下进行操作，非常适合在严峻的环境中使用，符合美军现实预期。

（中国兵器工业集团第二一〇研究所　胡靖伟）

美国陆军综合视觉增强系统发展分析

2021年7月22日，美国参议院军事委员会高票通过了2022财年国防预算申请。预算中包含了购买2.9万套综合视觉增强系统（IVAS）的费用。作为美军未来单兵系统的一部分，综合视觉增强系统被寄予厚望。它有望实现防护、夜视、导航、精确定位以及敌我识别多种功能的有效统一，从而提高步兵的战场态势感知能力。

一、应用混合现实技术的综合视觉增强系统

综合视觉增强系统护目镜是一款微软公司开发的"混合现实"眼镜新型护目镜。相比于混合现实眼镜，综合视觉增强系统护目镜将多种优点集于一体，在带给士兵更强大夜视功能的同时，也可将数据投射至其视野中，增强士兵态势感知的能力。此外，该护目镜还有通信、导航、监视士兵状态等多重功能。

综合视觉增强系统项目最早可以追溯2019年，旨在满足美国陆军2018年度《国防战略》对部队近距离战斗的能力需求。综合视觉增强系统项目

整体由美国陆军未来司令部牵头设计，微软公司负责具体研制工作，项目经费6.4亿美元。2021年3月26日，美国国防部与微软公司共同签署了价值18.8亿美元的采购合同，按照计划，微软公司将在接下来的10年内为美军生产12万套综合视觉增强系统整个系统基于混合现实技术开发，相比于混合现实技术，综合视觉增强系统将多种优点集于一体，在带给士兵更强大夜视功能的同时，也可将数据投射至其视野中，增强士兵感知态势的能力。据报道，综合视觉增强系统衍生自微软 HoloLens 增强现实头显开发，却又超越了增强现实头显只能在用户视野内叠加平面信息的单一功能。全套综合视觉增强系统将由头部组件、可背负单兵计算机、交互系统以及三片舒适穿戴电池组成。综合视觉增强系统实现了夜视仪、RGB 镜头、深度镜头以及眼球镜头的整合。目前，该系统的单价为2.9万美元，未来的大规模彩色，会使得这个价格进一步降低。

混合现实技术大放异彩。综合视觉增强系统基于微软公司开发的、已经推向市场的 HoloLens 混合现实眼镜。设想一下，如果两架敌机分别从几百米和1.6千米外发动攻击，近距离巷战中的敌方则从附近一个区域发动第三轮攻击，与此同时，美军士兵捕捉并整合目标信息，并立即用3D技术绘制出多个目标的位置，而且全程对敌人的射程和距离了如指掌。这些复杂情况构成了美军快速追踪系统的概念基础。混合现实技术是虚拟现实技术的进一步发展，该技术通过在现实场景呈现虚拟场景信息，在现实世界、虚拟世界和用户之间搭起一个交互反馈的信息回路，以增强用户体验的真实感。而 HoloLens 是微软首个不受线缆限制的全息计算机设备，采用先进的传感器、高清晰度三维光学头置式全角度透镜显示器以及环绕音效，能够让用户通过眼神、语音和手势等与数字内容交互，并与周围真实环境中的全息影像互动。综合视觉增强系统护目镜将各种先进技术都整合到一套坚固的护目镜以及经军用化处理的微软 HoloLens 平视显示器中，拥有两种夜视功能，还可将数据投射到护目镜佩戴者的视野中，增强其态势感知能力。

综合视觉增强系统的运行需要一定程度的"人机界面"，因为它将人类视觉的一些神经过程与处理软件结合起来，整合并显示一些具有挑战性的要素，如"深度感知"。弗吉尼亚州皮克特堡的士兵测试了微软设计的综合视觉增强系统护目镜样品表明，该系统可以提供在多域作战中重新获得优势以及保持优势所需的能力。通过"士兵触点"集体测试，综合视觉增强系统利用新软件迅速进行改进和升级；在集体测试中，士兵佩戴护目镜进行作战练习，并向研发人员反馈意见（图1）。综合视觉增强系统的设计旨在减少硬件占用，减轻重量，并精简时效性作战数据，而最后一点具有重大作战意义。

图 1　美军士兵正在测试综合视觉增强系统护目镜样品

综合视觉增强系统项目成功的关键是高性能、低尺寸、重量和功率（SWaP）战术无线电网络，该网络允许士兵可以在动态、不可预测的情况下实时无线共享信息。Silvus 技术公司的 StreamCaster 无线电台针对拥挤/竞争环境中的低尺寸/重量/功率、高可扩展性、高吞吐量和弹性连接进行了优化，为士兵提供实时数据传输，以提高态势感知能力。2020年5月，美国Silvus技术公司获得美国陆军价值390万美元的订单，为综合视觉增强系统项目提供1000多台战术移动自组织（MANET）无线电台，以支持严格的集成和测试，并在2020年中参加"士兵触点"活动。

二、功能作用

陆军未来司令部研发的综合视觉增强系统是一种向士兵提供的尖端作战系统，该系统是利用增强的虚拟现实技术来改变步兵在遭到来自敌方的火力攻击时的应对情况。该系统是一种士兵眼镜装备，包含传感器，能帮助士兵在超越人类视觉限制的情况下作战。

将战场信息整合进士兵护目镜。这是一种士兵穿戴式作战平视显示器护目镜，采用先进传感器，能够克服人类视觉的一些局限性，并迅速整理目标数据。它将两种夜视功能（红外线和微光放大）、与士兵武器无线连接的瞄准镜、叠加在士兵视野内的导航标志以及其他增强现实技术，都整合到一套坚固的护目镜以及经军用化处理的微软HoloLens平视显示器中。可见，综合视觉增强系统能弥补人眼局限性。

区别于集成了电池计算机等设备、全重580克的微软HoloLens系统，综合视觉增强系统的头部组件仅由护目镜和传感器组成，计算机、舒适穿戴电池等重量较大的设备则分散于身体的可穿戴组件上，从而避免了重量集中于头部的困扰，更有利于单兵执行作战任务。舒适穿戴电池还可以配合防弹插板共同插在防弹插板槽中，起到便于携带的作用。这款舒适穿戴电池克服了传统电池耗电速度快的缺点，在高寒等恶劣环境下依然可以保持长达8个小时的供电时间。舒适穿戴电池不仅可以为综合视觉增强系统供电,还可为用户的其他用电器供电。综合视觉增强系统的人机工效良好,整个系统的控制面板位于士兵胸部中,面板外壳设置有"触觉交互点",可以帮助士兵在无需观察的情况下就可正确地找到相关按钮。

与传统夜视仪不同的是,综合视觉增强系统视野广阔,目镜视野可达80°×40°。内置的抬头显示器可以显示实时位置、数字三维地图,这对于复杂地形条件下的作战非常有效。通过计算机的空间计算以对战场的激光扫描,士兵可以借助显示器,对于整个战场有着更好的感知。综合视觉增强系统的头部组件还携带了摄像机,由摄像机采集的视觉信息可实时上传,以作为指挥部的参考信息。与依靠无线电通信的指挥手段相比,视觉信息更具冲击力,更能体现战场真实环境。交互系统不仅可以实现人与综合视觉增强系统的交互,更可以实现各个综合视觉增强系统之间及综合视觉增强系统与中枢节点、不同武器装备的交互,实现物联网技术在战场上的应用。

综合视觉增强系统能够"增强"并改善人类视觉和感知的关键特性,如视角、距离或同一时间的多个变量等。一份陆军报告指出:"综合视觉增强系统旨在通过各项技术与以平视显示器形式提供的增强现实能力的组合,来提高陆军近距离作战部队的杀伤力和生存能力。这是一个令士兵能够战斗、预演和训练的平台,因为它利用网络信息共享以及增强现实技术。"

三、提升单兵作战能力的"法宝"

综合视觉增强系统护目镜将各种先进技术都整合到一套坚固的护目镜以及经军用化处理的微软 HoloLens 平视显示器中,不但拥有两种夜视功能(红外线和微光放大),还可将数据投射到护目镜佩戴者的视野中,增强其态势感知能力。据悉，该护目镜具备面部识别、文本翻译以及导航功能，其内置传感器可与微型无人机相连，使士兵能够从无人机视角进行侦察；另外还能监视士兵的状态，包括疲劳与压力程度以及体温等。在2020年4月的测试中，该设备在不到30分钟的时间里便可测量300名士兵的体温。

在训练中，综合视觉增强系统能够为指挥官进行战斗模拟，通过虚拟影像的作战实现强化训练（图2）。在作战中，综合视觉增强系统能够让指挥官快速制定作战地图、作战任务并共享作战信息。作为单兵装备，微软也为综合视觉增强系统配备了一个可供调用的数位指南针。在进攻目标时，综合视觉增强系统头显上会显示十字样式的瞄准线及目标敌人。透过将武器和目标敌人数位化，在一定程度上达到精准射击。同时，在数据收集上，指挥中心能够通过特定的软件包来收集地形、敌人数量、武器配备、天气情况和休整时间等数据，以此评估士兵的作战表现。美国陆军副参谋长约瑟夫·马丁在相关活动中曾表示：''我们将所有配备综合视觉增强系统的士兵都纳入到传感器数据采集系统，以便与更大的网络共享信息。显示屏可以绘制路径并告诉你'敌人在哪里'。你可以利用红外和微光放大看到敌人。''他还说：''如果你走散了，这可能意味着孤立无援。你想和战友们建立联系。这就是综合视觉增强系统向我们的队伍提供的内容''。

图2 综合视觉增强系统有助于增强美军单兵作战能力

综合视觉增强系统可以应用于很多方面。有关研究资料显示,该系统可以为士兵强化训练效果,还能为指挥官进行战斗模拟,帮助指挥官快速做出判断。此外,该系统与现役夜视仪成本相近,但优点更多,功能更强。由此推断,综合视觉增强系统势必会在一定程度上提高美军单兵作战能力,有助于美军在新形势下进行全球范围的各种军事活动。负责采办、后勤和技术的助理陆军部长布鲁斯·耶特说:"传感器能看到我的眼睛看到的地方,并根据某些测量结果对其进行保存。然后,如果我派一架无人机飞到那里,综合视觉增强系统就能显示出无人机进入现场的场景——将两者相互融合起来,这样我就能把无人机部署到任何想让它去的地方。"

目前,美国陆军配备的头显主要为功能单一的双筒增强型双目夜视眼镜(ENVG-B),这款夜视仪虽然具有复合夜视功能,与综合视觉增强系统价格相当接近,但性能上仍无法与之媲美。按照美国陆军的规划,未来综合视觉增强系统不仅会为作战小队提供数字化的信息,更能够汇总各类作战单位的数据,帮助多兵种或多小队的协同作战。可以预言,一旦综合视觉增强系统护目镜装备到美国陆军部队后,将会引起美军的作战方式相应地发生转变。

(国防大学联合勤务学院 方福生)

FULU

附 录

2021年陆战科技领域十大进展

一、"会聚工程-2021"在七大作战场景中测试百余项新技术

10月12日至11月10日,美国陆军在尤马试验场等8个地点完成"会聚工程-2021"年度综合作战实验。在"会聚工程-2021"中,陆军联合其他军种,以印太地区第一、第二岛链为背景,以联合全域作战为主题,"链接一切"为理念,设计并演练联合全域态势感知、联合防空反导、联合火力打击、半自主保障补给、基于人工智能的侦察感知、基于综合视觉增强系统的空中突击作战、基于人工智能的地面突击作战七大作战场景,探索了人工智能、机器学习、增强现实等107项新技术在未来战争中的应用以及未来作战样式。

"会聚工程"是陆军的"学习运动",该年度综合作战实验将最新技术引入陆军以提高其在陆、海、空、天和网络空间的行动能力,也是支持陆军决策作战方式与军队结构变革方向的重要试验场。

二、人工智能技术首次用于以色列"城墙卫士"行动

5月,以色列发动"城墙卫士"行动,对哈马斯实施打击。行动期间,动用了以色列情报部门开发的"炼金术士""福音""智慧深度"等人工智能系统。以色列称这是世界上第一场人工智能战争。"炼金术士"系统使用人工智能和机器学习来提醒战场上的部队注意敌方可能发动的袭击;"福音"系统专为军事情报部门分析数据,帮助制定战略计划,确定打击目标;"智慧深度"系统精确绘制哈马斯地下隧道网络地形图,快速定位哈马斯火箭弹阵地。以色列国防军在"福音"系统帮助下,精准打击了敌方的火箭发射器、无人机、指挥官住所等重要军事目标。

此次军事行动中,人工智能在态势感知、数据分析、地形测绘分析、高价值目标确定等方面发挥重要作用,预示着人工智能战争正在逐步成为现实。

三、美国陆军发布多域转型战略

3月,美国陆军发布《陆军多域转型:为赢得竞争和冲突备战》战略文件。该战略涵盖作战概念、装备建设、多域部队编成、战略重心等内容,其中装备建设重点仍是远程精确火力、下一代战车、未来垂直起降飞行器、陆军网络、一体化防空反导、士兵杀伤力六大项目群,关注的技术领域包括颠覆性含能材料、射频电子器件、量子、高超声速技术、人工智能、自主、合成生物学、材料设计、增材制造等。

该战略是多域作战概念的进一步发展,美国陆军将以提高核心竞争力、

2035年建成多域陆军为目标实施多域转型，表明美国陆军已开启新一轮全面转型。

四、美国陆军为步兵旅战斗队部署战术网络"能力集21"

1月，美国陆军战术指挥控制与通信项目执行办公室提出，2021年为4个步兵旅战斗队部署"能力集21"，随后美国陆军在印太地区对部署的"能力集21"进行了评估。"能力集21"的主要内容包括：部署"综合战术网络"，在指挥所、手持与车载计算机上安装通用操作环境，提升远征信号营的卫星通信能力；通过软件更新提升现有终端的卫星通信可靠性；初步部署现场云计算环境，支持分布式任务指挥等。

"能力集21"为士兵提供现代化的战术网络，提升远征能力，简化网络连接和操作，减小通信系统体积和重量，提升通信速度。

五、俄罗斯战斗机器人与无人机集群协作执行自主巡逻演示

9月，俄罗斯在车里雅宾斯克地区，开展了"标记"战斗机器人与无人机集群的自主巡逻演示。巡逻路程为100千米，涉及公路和越野路段，耗时约5小时。操作员只需要选择起点和终点，"标记"机器人即可通过相机和传感器自行生成地图并制定最快路线，行程中可自主避开障碍物。"标记"战斗机器人装备1门7.62毫米机枪和2具反坦克导弹发射器，还装备有模块化系统，可以融合最新技术并进行测试。

这次演示实现了地面无人车与无人机集群的协同，将为俄罗斯未来地面无人作战、无人车与无人机协同跨域作战奠定基础。

六、美国陆军演示"自主多域发射车"的引导-跟随技术

6月,美国陆军首次对外披露了"自主多域发射车",并完成了概念可行性演示验证。该发射车是在"海玛斯"火箭炮基础上进行的无人化改型,采用"海玛斯"的底盘,加装摄像机、激光雷达、GPS天线等设备和自动驾驶模块,可跟随前方车辆自主行驶;配用双联装发射箱,能由士兵遥控发射"精确打击导弹"和制导火箭弹,执行远程对地打击和反舰作战任务;采用轻量化设计,可由C-130运输机远距离快速机动部署。演示中,1门"海玛斯"火箭炮和1辆"自主多域发射车"搭乘C-130运输机快速机动至前沿岛屿,"自主多域发射车"在"海玛斯"火箭炮引导下抵达指定发射阵地后,发射"精确打击导弹"远距离打击了地面和海上目标,并返回C-130运输机快速撤离。

"自主多域发射车"将与"海玛斯"火箭炮混编,列装于多域特遣部队,提升有人无人协同作战能力,在现有兵力规模下显著增强炮兵部队的火力强度。

七、美国开发出功率密度提升100倍的超对称激光器阵列

4月,在美国陆军资助下,宾夕法尼亚大学和杜克大学合作,在高维度阵列中利用超对称变换设计单模激光器阵列,制备出功率密度得到数量级提升的微激光器二维阵列,这种紧密排列的激光器阵列具有单一微激光器的稳定性。在5×5的二维激光器阵列上演示结果表明,超对称阵列最终产生的单模激光发射功率和功率密度可以达到原阵列的25倍和100倍以上。

这项技术为更高效、可部署激光源的研制奠定了基础,为作战人员提供性能更好的光学通信、光学传感和激光测距装备,也为高能激光武器的开发提供了新途径。

八、美德联合研发增程火炮用超级发射装药

3月,美国陆军作战能力发展司令部与德国莱茵金属武器弹药公司签署协议,联合研发增程火炮用超级发射装药,推动XM654筒式超级发射装药的发展与应用。XM654筒式超级发射装药,是将发射药装入一个能满足火炮发射压力和速度需要的大型刚性药筒内,便于士兵处理与运输。该超级发射药技术处于研发与改进阶段,技术成熟度仍需提高,预计2025年初步验证。美国陆军已制备出长度约1.5米、质量约20千克的筒式超级发射装药原型,已经达到作战士兵体验装弹过程阶段,以通过士兵体验反馈结果推动超级发射药技术的升级改进。

这种超级发射装药技术可与改进的小型化自动装弹机兼容,实现大重量、大尺寸发射药的自动装弹,为增程火炮射程达到70千米及更远奠定基础。

九、美国陆军利用"郊狼"无人机进行了反无人机集群试验

7月,美国陆军在尤马试验场利用"郊狼"Block 3无人机成功击败了无人机集群。在试验中,"郊狼"Block 3与由10架无人机组成的集群交战,并将其击败,这些无人机具有不同量级、航程、机动能力和复杂度。"郊狼"Block 3采用电动机和尾部安装的螺旋桨,飞行速度可达36米/秒,续

航时间可达2小时。此次试验是"郊狼"Block 3首次使用非动能毁伤型战斗部（雷声公司尚未公布新战斗部的类型和毁伤机理）在空对空作战中击败无人机群，并在同一试验中实现生存、回收、更新和再利用。

使用非动能方式压制敌方无人机的"郊狼"Block 3可以减少潜在的附带伤害，可以在不离开战场的情况下回收和再利用，降低作战成本。

十、美国陆军开发"α-形"技术提高机器人战场任务效率

4月，美国陆军研究实验室和内布拉斯加大学联合开发出一种名为"α-形"的空间近似分析技术并在不同环境下进行了演示，目的是解决在通信约束条件下机器人编队中多个机器人的任务区域冲突问题。该技术利用几何学和智能算法分析机器人执行任务期间所探索的区域，然后将分析结果通过机器人之间的通信树共享，避免重复探索相同区域。

该技术能提供通信受限下机器人编队的信息收集能力，并尽可能减少通信来协调工作，有利于提高机器人编队的战场隐蔽性以及提供机器人在战场上的任务效率。

2021 年陆战领域科技发展大事记

美国国防部发布《反小型无人机系统战略》 1 月，美国国防部发布《反小型无人机系统战略》文件，提出美军反小型无人机战略的目标是：通过创新和协作加强联合部队，保护美国在本土、海外驻地和突发地点的人员、资产和设施；开发装备和非装备解决方案，保障国防部任务的安全执行，阻止对手利用小型无人机妨碍美目标的实现；建立和扩大与盟国、伙伴国的关系，保护美国在海内外的利益。该战略首次提出要开发反小型无人机作战概念和条令，建立联合训练标准，加强部队反小型无人机意识和技能训练。

美国陆军为步兵旅战斗队部署战术网络"能力集 21" 1 月，美国陆军战术指挥控制与通信项目执行办公室提出，2021 年为 4 个步兵旅战斗队部署"能力集 21"，随后美国陆军在印太地区对部署的"能力集 21"进行了评估。"能力集 21"的主要内容包括：部署"综合战术网络"，在指挥所、手持与车载计算机上安装通用操作环境，提升远征信号营的卫星通信能力；通过软件更新提升现有终端的卫星通信可靠性；初步部署现场云计算环境，支持分布式任务指挥等。

印度首次演示无人机蜂群作战样式　1月，印度陆军在第73届阅兵日上首次展示了无人机蜂群作战样式。75架中小型无人机执行了基于人工智能的模拟进攻和作战支援任务，包括对坦克、直升机停机坪、雷达、油料库及恐怖组织营地等目标进行动能攻击，以及为前线部队空投物资的任务。在演示过程中，"母无人机"释放"子无人机"，将其定向并对准指定目标；机载边缘计算机使用先进人工智能算法来优化攻击轨迹；携带爆炸物的无人机随后以超快的速度飞行并打击指定目标。

美国陆军发布"远程精确弹药"信息需求　2月，美国陆军发布"远程精确弹药"信息需求，寻求军工企业提供一种远程直升机载导弹方案，并计划在2022年秋天开展演示。此前，美国陆军从以色列采购一批射程达30千米的"长钉"-NLOS导弹，并用"阿帕奇"攻击直升机开展发射试验，用以论证对"远程精确弹药"能力的要求。根据陆军此前透露的信息，"远程精确弹药"射程有可能超过40千米，未来将主要配装"未来攻击侦察直升机"。

美国利用机器学习精确预测固体推进剂燃速　2月，美国海军空战中心利用机器学习技术预测了含铝固体推进剂的燃速，研究采用三层神经网络模型，利用加权函数叠加输入信息的方式进行运算，得到推进剂燃速。预测值与实测值吻合较好，误差为2.9毫米/秒。机器学习是国际材料学界公认的加速材料创新发展的颠覆性技术，能有效利用材料的实验数据或仿真所产生的大数据，快速、高效地进行材料设计、合成条件优化、性能预测等。

美国陆军发布多域转型战略　3月，美国陆军发布《陆军多域转型：为赢得竞争和冲突备战》战略文件。该文件明确了多域特遣部队的编成情况，首次提出要在危机响应中实施多域作战，通过"多域战区警戒部队"对对手实施持续监视与侦察，必要时通过远程火力、防护、网络、电子战及其他能力灵活搭配实现联合机动，将危机快速升级为冲突。通过内部力量（"深入敌后部队"）和外部力量（"外线部队"）的结合，美国陆军能有效应对具有全球影响力和陆基远征能力、技术水平相当但有数量优势的对手。

美国陆军发布《军事竞争中的陆军》 3月，美国陆军发布《军事竞争中的陆军》文件，该文件提出军事竞争是指用来达成己方政治目标，并阻碍对手实现对美国不利目标的活动和军事行动。文件根据竞争目标、方法和范围的不同，将竞争分为三种形态：泛在竞争、直接竞争、间接竞争。这是美国陆军首次围绕"陆军在军事竞争中的作用"这一主题进行系统阐述，反映了美国陆军对军事竞争概念及陆军在军事竞争中的作用的认识。

美国陆军发布《重获北极优势》 3月，美国陆军发布《重获北极优势》战略文件，该文件指出陆军北极部队的最终目标是，能够在全球范围内快速组建和部署多域作战部队，这些部队经过专门训练，装备精良，能够在极寒天气和崎岖山区条件下长期生存、战斗、获胜。为了达成这一目标，陆军的主要工作有五个方面：一是在全军建立基础北极能力；二是在北极建立与盟友和合作伙伴的关系网，支持在北极和全球开展竞争；三是威慑、击败北极地区的威胁，在危机和冲突中保卫北极；四是试验推进联合全域指挥与控制，支持在北极地区多域作战；五是向整个北极地区投送兵力，在危机和冲突中动态部署。

日本组建电子战中队 3月，日本陆上自卫队在西部方面通信情报队的基础上成立第301电子战中队。该部队装备有新型车载"网络电子战系统"，整合了电子支援与攻击能力，其工作频谱范围涵盖绝大多数军用卫星、微波通信和雷达工作频段，可分析对手电波频率并发出同频电波致其失效。该部队将在2023年前分批部署在相浦、奄美大岛、那霸、知念、对马岛、与那国岛6个西南离岛驻地，构筑所谓的"西南电子岛弧"，并将与水陆机动团联合开展夺岛等演训活动。

美德联合研发增程火炮用超级发射装药 3月，美国陆军作战能力发展司令部与德国莱茵金属武器弹药公司签署协议，联合研发增程火炮用超级发射装药，推动XM654筒式超级发射装药的发展与应用。XM654筒式超级发射装药，是将发射药装入一个能满足火炮发射压力和速度需要的大型刚性药筒内，便于士兵处理与运输。该超级发射药技术处于研发与改进阶段，技术成熟度仍需提高，预计2025年初步验证。美国陆军已制备出长度约1.5米、重量约20千克的筒式超级发射装药原型，已经达到作战士兵体验装弹过程阶段，以通过士兵体验反馈结果推动超级发射药技术的升级改进。

美国陆军开发出无人机自主降落在无人车顶进行充电的新技术 3月，美国陆军开发出一种独特的方法，可使旋翼无人机在无需GPS辅助的情况下降落到移动的无人车上，并在执行下一个任务之前完成充电。研究人员通过使用小型定制四旋翼无人机和"清道疣猪"无人车开展慢速着陆试验以及软件在环仿真，验证了其算法在执行无人机着陆操作方面的有效性。这项研究使用低成本传感器和计算机进行所有机载计算，在无GPS辅助的情况下在户外实地演示了无人机自主着陆无人车操作。

美国陆军发布《陆军未来司令部概念——防护2028》 4月，美国陆军发布《陆军未来司令部概念——防护2028》，该作战概念阐述了面向未来大国竞争，在先进技术发散、作战领域扩展促使防护需求增大、防护范围增广、多域协同背景下实施防护所需具备的能力；将多方力量聚合，在多领域实施防护作战行动,为关键作战能力、关键作战装备和关键作战行动提供保护,为部队提供防护,使部队免遭所有领域威胁攻击,形成防区外优势,为指挥官最大限度运用战斗力完成任务创造条件,为多域作战提供支撑。该概念作为多域作战功能概念,为美国陆军相关作战实验、作战能力发展提供指导,为美国陆军作战概念体系的持续发展、作战能力建设提供支撑。

美国陆军"机动近程防空系统"列装并部署于欧洲 4月,美国陆军驻德国部队的一个防空炮兵营接收"机动近程防空系统",成为首支列装该系统的部队。该系统采用"斯特赖克"A1轮式装甲车底盘,配备的武器包括30毫米自动炮、M240式7.62毫米机枪、"毒刺"防空导弹和"长弓-海尔法"导弹,具备拦截无人机、旋翼机和固定翼飞机的能力。10月,该营进行了首次实弹试验。

法国披露下一代主战坦克武器概念 4月,法国奈克斯特系统公司披露了名为"阿斯卡隆"的下一代主战坦克武器概念,旨在应对未来重型装甲威胁。"阿斯卡隆"将为法-德地面主战系统的主武器开发奠定基础。此次公布的图片为概念武器及曳光尾翼稳定脱壳穿甲埋头弹。"阿斯卡隆"与同口径弹药相比膛压更低,但能提供等效或更大的动能,采用胡椒瓶状炮口制退器而减少炮口焰。

俄罗斯将组建第一支"天王星"-9无人战车部队 4月,俄罗斯国防部长绍伊古视察俄罗斯技术公司旗下第766生产管理与设备加工公司时表示,俄罗斯武装部队将组建第一支装备"天王星"-9无人战车的部队,该部队将包括5套"天王星"-9系统共20辆。第766生产管理与设备加工公司开发了"天王星"-9无人战车和"天王星"-6扫雷无人车,并建立了一个"天王星"-9操作员培训中心。俄罗斯国防部正在优先考虑为武装部队使用各种无人系统。

美国开发出功率密度提升 100 倍的超对称激光器阵列　4 月，在美国陆军资助下，宾夕法尼亚大学和杜克大学合作，在高维度阵列中利用超对称变换设计单模激光器阵列，制备出功率密度得到数量级提升的微激光器二维阵列，这种紧密排列的激光器阵列具有单一微激光器的稳定性。在 5×5 的二维激光器阵列上演示结果表明，超对称阵列最终产生的单模激光发射功率和功率密度可以达到原阵列的 25 倍和 100 倍以上。

美国陆军开发"α-形"技术提高机器人战场任务效率　4 月，美国陆军研究实验室和内布拉斯加大学联合开发出一种名为"α-形"的空间近似分析技术并在不同环境下进行了演示，目的是解决在通信约束条件下机器人编队中多个机器人的任务区域冲突问题。该技术利用几何学和智能算法分析机器人执行任务期间所探索的区域，然后将分析结果通过机器人之间的通信树共享，避免重复探索相同区域。

人工智能技术首次用于以色列"城墙卫士"行动　5 月，以色列发动"城墙卫士"行动，对哈马斯实施打击。行动期间，动用了以色列情报部门开发的"炼金术士""福音""智慧深度"等人工智能系统。以色列称这是世界上第一场人工智能战争。"炼金术士"系统使用人工智能和机器学习来提醒战场上的部队注意敌方可能发动的袭击；"福音"系统专为军事情报部门分析数据，帮助制定战略计划，确定打击目标；"智慧深度"系统精确绘制哈马斯地下隧道网络地形图，快速定位哈马斯火箭弹阵地。以色列国防军在"福音"系统帮助下，精准打击了敌方的火箭发射器、无人机、指挥官住所等重要军事目标。

美国陆军"无人战车"开展样机试验　5 月，美国陆军接收了 4 辆轻型"无人战车"样车和 4 辆中型"无人战车"样车。美国陆军运用这些样车开展第 2 轮 "士兵作战实验"，进一步明确对各型 "无人战车" 的能力要求，为旅战斗队开发有人 – 无人编队战术。陆军共计划开展 3 轮 "士兵作战实验"，第 1 轮在 2020 年举行，第 3 轮计划在 2026 年举行，之后将根据第 3 轮实验结果制定采办和列装决策。

美国陆军研制射程超 100 千米的冲压增程炮弹 5 月，美国陆军表示，为 "增程火炮" 研制的 XM1155 冲压增程炮弹已完成第一阶段竞标工作，从原有 4 家竞标商中选出 2 家签订第二阶段研制合同，其中包括波音公司。XM1155 炮弹将通过提升初速、增加升力面、配装冲压发动机等多种技术手段来实现 100 千米以上的射程，配装导引头，能够在 GPS 干扰环境下精确打击移动目标。与常规火箭助推发动机相比，冲压发动机无需携带氧化剂，可装填更多燃料，燃烧时间更长，使炮弹在更长时间内保持高速飞行。除用于执行打击任务外，XM1155 炮弹还将用于远距离投放侦察载荷和干扰载荷。

美国陆军举行 "刀锋 21" 作战试验 5 月，美国陆军未来司令部组织实施了 "刀锋 21" 作战试验。试验为期两周，美国陆军与空军、海军陆战队联合对侦察机、无人机等 50 多项新型武器和新技术进行了试验。作战试验围绕太平洋中的虚构岛屿展开，目的是模拟美国陆军需要的远距离导航以及难以连接到安全网络的不连贯地形。如在一个作战想定中，"阿尔忒弥斯" 侦察机从高空侦察目标，一旦确认目标，联合指挥部派遣一架 F–35 战机飞往目标，并向另一个目标发射一种新型巡飞弹，同时摧毁两个目标。

美国陆军发布《陆军未来司令部概念——网络空间与电磁作战 2028》 6 月，美国陆军发布了《陆军未来司令部概念——网络空间与电磁作战 2028》，该概念阐述了遂行和整合网络空间与电磁作战的相关应用和理念，明确了网络空间作战与电磁作战的基本逻辑，利用整合的网络空间与电磁作战能力、可扩展的网络空间与电磁作战编队、网络空间基础设施等，通过协调和应用各作战域独特的能力，为跨时间、空间和规模聚合所有作战能力和信息相关能力进而创造优势时机窗口提供了使能性支撑，进而支持多域作战。

美国陆军发布"自主多域发射车" 6月，美国陆军首次对外披露了"自主多域发射车"，并完成了概念可行性演示验证。该发射车是在"海玛斯"火箭炮基础上进行的无人化改型，采用"海玛斯"的底盘，加装摄像机、激光雷达、GPS天线等设备和自动驾驶模块，可跟随前方车辆自主行驶；配用双联装发射箱，能由士兵遥控发射"精确打击导弹"和制导火箭弹，执行远程对地打击和反舰作战任务；采用轻量化设计，可由C-130运输机远距离快速机动部署。演示中，1门"海玛斯"火箭炮和1辆"自主多域发射车"搭乘C-130运输机快速机动至前沿岛屿，"自主多域发射车"在"海玛斯"火箭炮引导下抵达指定发射阵地后，发射"精确打击导弹"远距离打击了地面和海上目标，并返回C-130运输机快速撤离。

美国陆军发布《陆军未来司令部概念——指挥控制2028》 7月，美国陆军发布了《陆军未来司令部概念——指挥控制2028》，该概念明确了未来的陆军指挥控制系统包含人、流程、通信网络和指挥所星座。该概念作为多域作战功能概念，确定了未来在复杂、高竞争性、致命性和极度活跃的作战环境中遂行多域作战以对抗实力对等的对手所必需的指控能力和通用框架，驱动未来部队设计和发展。

美国陆军"可选有人战车"开始概念设计 7月，美国陆军选定5个团队，开展"可选有人战车"的概念设计，为期15个月，包括莱茵金属美国公司、BAE系统公司、通用动力地面系统公司、韩华与奥什科什团队，以及空白点公司。陆军计划2024年开始样车研制，2026年开始样车试验。

美国陆军利用"郊狼"无人机进行了反无人机集群试验　7月，美国陆军在尤马试验场利用"郊狼"Block 3无人机成功击败了无人机集群。在试验中，"郊狼"Block 3与由10架无人机组成的集群交战，并将其击败，这些无人机具有不同量级、航程、机动能力和复杂度。"郊狼"Block 3采用电动机和尾部安装的螺旋桨，飞行速度可达36米/秒，续航时间可达2小时。此次试验是"郊狼"Block 3首次使用非动能毁伤型战斗部（雷声公司尚未公布新战斗部的类型和毁伤机理）在空对空作战中击败无人机群，并在同一试验中实现生存、回收、更新和再利用。

美国陆军"未来远程攻击直升机"项目进入竞标阶段　7月，美国陆军向贝尔公司和西科斯基公司–波音公司团队发布了定向招标书，正式启动"未来远程攻击直升机"项目竞标工作。陆军计划在2022年中选出中标方案，2025年接收样机并实现首飞，2030年列装。

美国陆军"间瞄火力防御系统"方案确定　8月底，美国陆军为"间瞄火力防御系统"增量2项目选定戴奈蒂克斯公司和雷声公司联合提出的"持久之盾"方案。该方案采用戴奈蒂克斯公司研制的"多任务发射器"改型以及雷声公司AIM–9X"响尾蛇"空空导弹地面发射改型。陆军计划2023年中开始列装该系统。

美国陆军定向能型"机动近程防空系统"完成测试　8月，美国陆军表示，已完成定向能型"机动近程防空系统"的测试，该系统配装50千瓦级激光武器，可拦截无人机、火箭弹和迫击炮弹等威胁。陆军计划2022年在欧洲部署1个装备该系统的防空排。

美国陆军发布《陆军未来司令部概念——火力2028》　9月，美国陆军发布了《陆军未来司令部概念——火力2028》，该概念描述了未来作战环境中火力基本作用的核心思想，即梯队能力、增强传感器到射手的连接、多域目标定位、利用联合及联盟能力，在战场纵深的竞争和武装冲突中形成威慑、穿透和瓦解反"进入/区域拒止"能力、保护关键资产、击败威胁能力以实现联合部队机动。其实现方案要求利用提升火力作用的新兴技术，包括人工智能、机器人和自主系统、先进的目标定位能力以及扩大射程、增强杀伤力和提高生存能力的技术等。

"精确打击导弹"进入工程制造与研发阶段 9月底，美国陆军与洛克希德·马丁公司签订价值6200万美元的合同，标志着该导弹正式进入工程制造与研发阶段。支持其2023年开始列装的目标。在10月开展的发射试验中，"精确打击导弹"的射程超过了499千米。

俄罗斯战斗机器人与无人机集群协作执行自主巡逻演示 9月，俄罗斯在车里雅宾斯克地区，开展了"标记"战斗机器人与无人机集群的自主巡逻演示。巡逻路程为100千米，涉及公路和越野路段，耗时约5小时。操作员只需要选择起点和终点，"标记"机器人即可通过相机和传感器自行生成地图并制定最快路线，行程中可自主避开障碍物。"标记"战斗机器人装备1门7.62毫米机枪和2具反坦克导弹发射器，还装备有模块化系统，可以融合最新技术并进行测试。

美国陆军统一世界地形项目取得重大进展 9月，统一世界地形项目已取得重大进展，开始取代陆军目前的57种数字地形格式，其作战能力已得到多次验证，并在第18空降军于2021年6月举行的实弹演习中得到展示。"统一世界地形"是一种能支持在世界范围内各战区环境中进行实战训练的三维地形工具，能根据商用卫星、无人机等平台采集的地形数据生成符合所要求的通用三维地图，支持部队训练、作战筹划和目标选择。

俄罗斯在"西方21"演习中试验无人战车 9月，俄罗斯首次在俄白"西方2021"联合战略演习中为常规部队编队编配"天王星"–9和"涅列赫塔"无人战车,这两款无人战车在战斗行动中摧毁了3000～5000米距离内的模拟士兵和车辆目标。"天王星"-9无人战车配装9M120"攻击"反坦克导弹、9S846"射手"防空导弹发射器、2A72式30毫米自动炮、7.62毫米并列机枪,可用于机动突击任务。"涅列赫塔"无人战车配装7.62毫米机枪,主要用于火力支援、侦察、后勤保障任务。

美国陆军开展"会聚工程-2021"年度综合作战实验 10月12日至11月10日,美国陆军在尤马试验场等8个地点完成"会聚工程-2021"年度综合作战实验。在"会聚工程-2021"中,陆军联合其他军种,以印太地区第一、第二岛链为背景,以联合全域作战为主题,"链接一切"为理念,设计并演练联合全域态势感知、联合防空反导、联合火力打击、半自主保障补给、基于人工智能的侦察感知、基于综合视觉增强系统的空中突击作战、基于人工智能的地面突击作战7大作战场景,探索了人工智能、机器学习、增强现实等107项新技术在未来战争中的应用以及未来作战样式。

美国陆军发布《统一网络计划》 10月,美国陆军发布《统一网络计划》,以协调陆军各种现代化工作,提供多域作战所需网络。该计划阐述了什么是统一网络、为什么要构建统一网络,以及如何实现统一网络3个问题。该计划还指出要分3个发展阶段和5条任务线(LOE)实现统一网络,其中3个阶段分别是近期(2021—2024年)建立统一网络、中期(2025—2027年)实现统一网络和远期(2028年及以后)持续进行统一网络现代化。五条任务线分别是:①建立统一网络,实现多域作战;②使部队为多域作战做好准备;③确保安全性和抗毁性;④改革流程和政策;⑤网络可持续性。

美国陆军发布《陆军数字化转型战略》 10月20日,美国陆军首席信息官办公室发布《陆军数字化转型战略》,旨在利用创新性和变革性数字技术，包括云、数据、网络安全和任务网络，从根本上改变陆军作战方式，提高人员素养，优化工作流程，使陆军能够在未来多域作战中获得决定性优势，应对大国竞争挑战。该战略主要包括三个目标任务：一是现代化和战备，打造数据驱动的数字化陆军；二是改革，根据任务需求调整和优化数字化投资，以较少的投资创造更大的价值；三是人员与伙伴关系，打造技术精湛、工作高效的数字化人才队伍。

美国陆军首个远程高超声速武器连开始装备训练 10月，美国陆军首个远程高超声速武器连接收了除导弹外的其他所有装备，包括4辆发射车、连作战中心等，并开始进行训练。"远程高超声速武器系统"是美国陆军重点研制的远程打击武器系统，可用C-17运输机机动部署，采用与海军合作研制的助推滑翔高超声速导弹，弹头速度超过马赫数5，射程超过2775千米，突防能力强。不过，高超声速导弹还未研制完成，尚需开展多次飞行演示试验，而根据陆军计划，首个高超声速武器连将在2023年具备实战能力。

美国陆军"机动防护火力战车"开始用户测试 10月，美国陆军开始对通用动力地面系统公司和BAE系统公司两家竞标公司的"机动防护火力战车"样车进行有限用户测试，计划在2022年中根据测试结果选中一家公司方案，开始小批量试生产，2025年为首支部队列装。

美国联合反无人机办公室测试反无人机系统 10月，美国国防部正在寻找更低价的方法击落小型无人机，并于8月下旬到9月中旬的3周时间里，在亚利桑那州尤马试验场举行了一次演示，共测试五种类似系统，包括无人机盾公司的"无人机枪"MKIII、IXI公司的"无人机杀手"、曲力公司的敏捷小偏转精确稳定武器系统、诺斯罗普·格鲁曼公司的XM1211 30毫米近程弹和智能射手公司的"粉碎斗"系统。前两种为手持式干扰型反无人机系统，后三种为动能杀伤系统。试验期间，该系统有效应对了目标。

美国展出火力打击型四腿机器人 10月，美国"幻影"机器人公司在陆军协会年会上展出了一款火力打击型四腿机器人，该机器人配装1挺6.5毫米口径步枪，其最大射程1200米，能在远程指令指挥下装弹入膛，能清理枪膛并确保安全。该步枪采用人工智能技术，能探测并锁定潜在威胁，配有消声器。

美国陆军发展可重复使用的网络化地雷系统 10月，美国陆军协会年会上美国陆军工程兵团司令兼工程主管表示，陆军正在寻找新方法，通过火炮、无人机或无人地面车辆部署地雷或"地形塑造障碍"设备，用于近距离、中距离和远距离战斗。陆军在研的下一代地雷装备是防区外引爆火山系统和通用反车辆弹药，二者都是使用跨平台通用弹药，具有信息报送、远程自失能和自毁功能，且能回收和再利用，目标是结合多种设备和方法来创建一个复杂的网络化障碍系统。

美国陆军测试XM913式50毫米自动炮 11月，美国陆军测试了XM913式50毫米自动炮，该炮射程为"布雷德利"步兵战车的25毫米自动炮的两倍，超过4千米，并配有先进的火控、跟瞄和计算机系统以及新型弹药，未来有望用于配装于"可选有人战车"。

2021年陆战领域年度重要战略规划文件、作战概念

文件名称	《反小型无人机系统战略》		
发布时间	2021年1月	发布机构	美国国防部
内容概要	该文件明确了美军反小型无人机战略的目标：①通过创新和协作加强联合部队，保护美国在本土、海外驻地和突发地点的人员、资产和设施；②开发装备和非装备解决方案，保障国防部任务的安全执行，阻止对手利用小型无人机妨碍美目标的实现；③建立和扩大与盟国、伙伴国的关系，保护美国在海内外的利益。美军将加强反小型无人机基础能力建设：①建立小型无人机威胁评估机制；②加速发展反小型无人机技术；③开发通用信息共享体系架构；④制定统一的试验鉴定协议、标准和方法。该战略首次提出要开发反小型无人机作战概念和条令，建立联合训练标准，加强部队反小型无人机意识和技能训练		

文件名称	《陆军多域转型——为赢得竞争和冲突备战》		
发布时间	2021 年 3 月	发布机构	美国陆军
内容概要	该文件提出陆军将以提高核心竞争力、2035 年建成多域陆军为目标实施多域转型,标志着陆军已步入新一轮全面转型阶段。陆军计划成立 5 支多域特遣部队:2 支配属印太地区,1 支配属欧洲,1 支位于北极地区,还有 1 支用于全球响应。该文件明确了多域特遣部队的编成情况,首次提出要在危机响应中实施多域作战,通过"多域战区警戒部队"对对手实施持续监视与侦察,必要时通过远程火力、防护、网络、电子战及其他能力灵活搭配实现联合机动,将危机快速升级为冲突。通过内部力量("深入敌后部队")和外部力量("外线部队")的结合,美国陆军能有效应对具有全球影响力和陆基远征能力、技术水平相当但有数量优势的对手。该文件是陆军多域作战概念的进一步发展,将为联合参谋部新的《联合作战概念》提供参考,未来多域陆军或在一定程度上牵引联合部队作战样式的转型		

文件名称	《军事竞争中的陆军》		
发布时间	2021 年 3 月	发布机构	美国陆军
内容概要	该文件提出,军事竞争是指用来达成己方政治目标,并阻碍对手实现对美国不利目标的活动和军事行动。竞争中的军事活动可以是防御性或进攻性的、致命性或非致命性的、单边的或多变的,或者在多个域中动用各军种的常规、非常规部队以及特种作战部队。报告根据竞争目标、方法和范围的不同,将竞争分为三种形态:泛在竞争、直接竞争、间接竞争。这是美国陆军首次围绕"陆军在军事竞争中的作用"这一主题进行系统阐述,反映了美国陆军对军事竞争概念及陆军在军事竞争中的作用的认识		

文件名称	《重获北极优势》		
发布时间	2021 年 3 月	发布机构	美国陆军
内容概要	该文件指出，陆军北极部队的最终目标是，能够在全球范围内快速组建和部署多域作战部队，这些部队经过专门训练，装备精良，能够在极寒天气和崎岖山区条件下长期生存、战斗、获胜。为了达成这一目标，陆军的主要工作有五个方面：①在全军建立基础北极能力；②在北极建立与盟友和合作伙伴的关系网；③威慑、击败北极地区的威胁；④试验推进联合全域指挥与控制；⑤向整个北极地区投送兵力。该文件延续了大国竞争思想，未来美国陆军可能在北极地区发生新一轮军备竞赛		

文件名称	《陆军统一网络计划》		
发布时间	2021 年 10 月	发布机构	美国陆军
内容概要	该计划阐述了什么是统一网络、为什么要构建统一网络，以及如何实现统一网络三个问题。该计划指出要分三个发展阶段和五条任务线（LOE）实现统一网络，其中三个阶段分别是近期（2021—2024 年）——建立统一网络、中期（2025—2027 年）——实现统一网络和远期（2028 年及以后）——持续进行统一网络现代化。五条任务线分别是：①建立统一网络，实现多域作战；②使部队为多域作战做好准备；③确保安全性和抗毁性，保证指挥官在网络空间的行动自由；④改革流程和政策，以改善绩效和可负担性；⑤网络可持续性——确保企业和战术网络的可持续性		

文件名称	《陆军数字化转型战略》		
发布时间	2021年10月	发布机构	美国陆军首席信息官办公室
内容概要	该战略文件旨在利用创新性和变革性数字技术,包括云、数据、网络安全和任务网络,从根本上改变陆军作战方式,提高人员素养,优化工作流程,使陆军能够在未来多域作战中获得决定性优势,应对大国竞争挑战。该战略主要包括三个目标任务:①现代化和战备,打造数据驱动的数字化陆军;②改革,根据任务需求调整和优化数字化投资,以较少的投资创造更大的价值;③人员与伙伴关系,打造技术精湛、工作高效的数字化人才队伍。该战略的发布将促使陆军对变革性数字技术进行大胆投资,改革业务流程,通过技术创新加强基于数据的决策能力,建设训练有素、经验丰富的人才队伍,在日益复杂的作战环境中开展多域作战		

文件名称	《陆军未来司令部概念——防护2028》		
发布时间	2021年4月	发布机构	美国陆军未来司令部
内容概要	该文件阐述了面向未来大国竞争,在先进技术发散、作战领域扩展促使防护需求增大、防护范围增广、多域协同背景下实施防护所需具备的能力;将多方力量聚合,在多领域实施防护作战行动,为关键作战能力、关键作战装备和关键作战行动提供保护,解除来自敌方的威胁,剥夺敌军行动自由,并为己方兵力提供战场通道,取得受保护窗口优势创造条件,为部队提供防护,使部队免遭所有领域威胁攻击,形成防区外优势,为指挥官最大限度运用战斗力完成任务创造条件,为多域作战提供支撑。该概念作为多域作战功能概念,为美国陆军相关作战实验、作战能力发展提供指导,为美国陆军作战概念体系的持续发展、作战能力建设提供支撑		

文件名称	《陆军未来司令部概念——网络空间与电磁作战 2028》		
发布时间	2021 年 6 月	发布机构	美国陆军未来司令部
内容概要	该文件阐述了遂行和整合网络空间与电磁作战的相关应用和理念，明确了网络空间作战与电磁作战的基本逻辑，利用整合的网络空间与电磁作战能力、可扩展的网络空间与电磁作战编队、网络空间基础设施等，通过协调和应用各作战域独特的能力，为跨时间、空间和规模聚合所有作战能力和信息相关能力进而创造优势时机窗口提供了使能性支撑，进而支持多域作战。该概念作为多域作战支撑概念，全面介绍了美国陆军网络与电磁作战的顶层战略目标、战略规划、基本逻辑、具体作战对象、相关技术体系，不仅起到了指南或规则集的作用，还起到了从上到下、从战术到技术的全面指导作用，可视作是陆军网络作战与电磁作战领域的总体规划，充分反映了将网络空间与电磁作战融入多域作战的理念，未来将推动网络电磁作战理念向实战化方向迈进		

文件名称	《陆军未来司令部概念——指挥控制 2028》		
发布时间	2021 年 7 月	发布机构	美国陆军未来司令部
内容概要	该文件明确了未来的陆军指挥控制系统包含人、流程、通信网络和指挥所星座。人是未来指控系统的核心，未来的陆军指挥官通过发展联合全域指控系统并践行相关的辅助理念，将充分利用更清晰、更准确地感知和理解自身、对手以及作战环境的能力实现决策优势，以夺取、保持和利用作战主动权并确立全面的决策主宰。该概念作为多域作战功能概念，确定了未来在复杂、高竞争性、致命性和极度活跃的作战环境中遂行多域作战以对抗实力对等的对手所必需的指控能力和通用框架，驱动未来部队设计和发展		

附录

文件名称	《陆军未来司令部概念——火力2028》		
发布时间	2021年9月	发布机构	美国陆军未来司令部
内容概要	该文件描述了未来作战环境中火力基本作用的核心思想,即梯队能力、增强传感器到射手的连接、多域目标定位、利用联合及联盟能力,在战场纵深的竞争和武装冲突中形成威慑、穿透和瓦解"反介入/区域拒止"能力、保护关键资产、击败威胁能力以实现联合部队机动。其实现方案要求利用提升火力作用的新兴技术,包括人工智能、机器人和自主系统、先进的目标定位能力以及扩大射程、增强杀伤力和提高生存能力的技术等。该概念作为多域作战的功能概念,为领导、行业和能力开发人员构建未来评估框架,在联合部队与同级对手开展作战以及在整个扩展战场执行多域作战方面起着关键作用		

2021年陆战领域重大项目

项目名称	主管机构	项目基本其情况	研究进展	军事影响
远程高超声速武器	美国陆军	美国陆军"远程高超声速武器"采用三军通用高超声速滑翔体，提供陆基中远程精确打击能力，该武器的射程有望达到2275千米	"远程高超声速武器"项目于2020财年启动。2020年3月，美国陆军和海军联合成功进行了"通用高超声速滑翔体"的第二次飞行试验。2021年10月，陆军首个远程高超声速武器连接收了除导弹外的其他所有装备开始进行训练	弥补陆军战略攻击能力缺陷，应对"反介入/区域拒止"能力
机动远程防空系统	美国陆军	机动远程防空系统开展过渡型机动远程防空系统和定向能机动远程防空系统研究，其中过渡型在战术车上集成"毒刺"防空导弹、"大毒蛇"链式炮等，定向能型机动远程防空系统在"斯特赖克"车上部署激光武器等	该项目2018财年启动。2020年4月，美国陆军接收5辆过渡型机动远程防空武器系统样车（共计划接收9辆）进行了试验。2021年8月，配装50千瓦级激光武器的定向能型机动远程防空系统已完成了的测试，陆军计划2022年在欧洲部署1个装备该系统的防空排	该系统将解决当前防空导弹无法高效、低成本对付低小慢无人机，旋翼和固定翼飞机的问题

续表

项目名称	主管机构	项目基本其情况	研究进展	军事影响
机器人战车	美国陆军	开发能够满足新的作战概念和士兵需求的轻、中、重三种机器人战车，根据作战需要，它们适合装备陆军当前所有的基本作战编队里	2020年1月美国陆军授予奎奈蒂克北美公司4辆轻型机器人战车研发合同，授予达信系统公司4辆中型机器人战车研发合同。2020年7—8月，美国陆军完成了为期一个月的机器人战车排级试验（阶段1试验）。2021年5月，美国陆军接收了4辆轻型和4辆中型"无人战车"样车，用于第2轮"士兵作战实验"	轻型机器人战车可利用传感器套件为其他杀伤性武器系统提供目标侦察，中型机器人战车能装备中口径机关炮或反坦克导弹遂行直瞄火力打击任务，重型机器人战车用于承担"机器人僚机"角色而不是取代现役有人驾驶装甲平台
未来无人机	美国陆军	研制多种无人机，包括能够取代RQ-7"影子"无人机的未来战术无人机，可由直升机发射的新型无人机等	2020年4月，美国陆军未来司令部已选定5个旅战斗队，对大角星公司、洛克希德•马丁公司，达信系统公司，L3哈里斯公司研发的未来战术无人机样机进行为期至少6个月的试验。2021年3月，美国陆军启动为期4天的未来战术无人机系统竞技演示，以形成最终采办需求	未来无人机将提高作战效能和生存能力，能与其他空中平台协同执行防空压制任务，具备编队和集群作战能力，可用于执行目标识别、雷达诱饵、通信干扰、网络攻击、GPS诱骗与干扰、动能打击等任务

249

续表

项目名称	主管机构	项目基本情况	研究进展	军事影响
"造雨者"项目	美国陆军未来司令部 C⁵ISR 中心	"造雨者"（Rainmaker）项目利用数据编织技术处理这些数据，使指挥官能够在适当时间获取相关的数据，以进行更好的决策。该项目专注于增强传感器和平台之间的数据结构和数据传输能力，意在将"每个传感器"和"任何射手"通过网络连接起来	2020 年的"会聚工程"演习示了"造雨者"数据编织概念。2021 年 8 月，陆军工程师和信息技术专家开展工作，将"造雨者"项目的数据编制技术应用到综合战术网络，准备用于陆军"会聚工程–2021"演习	项目开发的数据编织技术，将使当前不兼容的跨军种联合任务空间系统能够无缝共享、保护同步协调复杂作战行动所需的数据，该技术是美国国防部联合全域指挥与控制网络的基础层技术，它将实现美国所有军事领域的数据共享
高能激光战术演示车技术项目	美国陆军	美国陆军高能激光战术演示车项目是实现将100千瓦的激光武器用于陆军间瞄火力防护能力"增量2–拦截系统"Block I，用于固定和半固定设施防御炮弹、火箭弹、无人系统等威胁。自 2020 年开始，间瞄火力防护能力的激光武器功率要求为300千瓦	2020 年 1 月，美国陆军调整了与动力系统公司关于高能激光战术演示车项目的合同，要求开发 300 千瓦级间瞄火力防护能力–高能激光武器并进行演示。2021 年 8 月，美国陆军未来司令部与快速能力与关键技术办公室制定了一项定向能策略，计划自 2022 财年开始，将定向能样机交付作战部队，其中间瞄火力防护能力–高能激光武器将开发 300 千瓦级激光器	作为向多域能力部队转型的一部分，美国陆军需要部署一定向能武器系统。该项目将使美国陆军安装在战术车辆上的高能激光武器具有更好的性能，进一步增强激光武器在近程防空中的作战能力，最终以低使用成本，即时摧毁各种来袭炮弹和无人机威胁

续表

项目名称	主管机构	项目基本其情况	研究进展	军事影响
统一世界地形	美国陆军未来司令部	统一世界地形是美国陆军合成训练环境项目群下的项目，是一种能支持在世界范围内各战区环境中进行实战训练的三维地形工具，可用于部队训练、作战筹划和目标选择	2018年底以来，统一世界地形初始原型已交付部队试用以尽早获取士兵反馈。2021年9月，统一世界地形项目已取得重大进展，开始取代陆军当前的57种数字地形格式，并在第18空降军于2021年6月举行的实弹演习中得到多次验证，展示	美国陆军可以根据预设的战场、利用统一世界地形构建与现实实战环境一致的沉浸式战场环境，开展兵棋推演，通过反复士兵训练和作战仿真，使美军提前发现实战中可能面临的问题并制定对策和解决方案。这使美军能在战前熟悉战场，更有针对性地制定作战计划
机动性应用的人工智能（AIMM）	美国陆军研究实验室	该项目是陆军研究实验室十大"旗舰工作"之一。美国陆军研究实验室开展该项目研究的目的是变革人工智能系统，使其能够在多域作战中快速学习、适应、推理和行动。该项目主要研究内容包括研发为战车作战应用的弹性自主越野导航系统，让自主系统通过集成多个信息源和量化不确定性的能力等	2020年7月，陆军研究实验室与南加州大学创造性技术中心合作开发出了联合理解与对话界发了联合理解与对话能力，使士兵和自主系统之间的双向对话成为可能。2021年4月，陆军研究实验室和南加州大学等开发出了联合理解与对话界面系统原型，实现士兵与自主系统之间的双向"对话"	自主机动性将使下一代战车能无缝地与士兵编队，减少士兵的认知负担；配备人工智能的新选择，并为指挥官提供"自主机动和威胁识别"的新选择；自主机动是实现陆军战略的重要组成部分，它使下一代战车能在多域作战环境中与势均对手作战中获得胜利

251

续表

项目名称	主管机构	项目基本其情况	研究进展	军事影响
人-自主系统编队（HAT）	美国陆军研究实验室	该项目是陆军研究实验室十大"旗舰工作"之一。为了有效地把士兵和人工智能系统相结合，利用两者的独特优势，弥补各自的弱点，陆军研究实验室开展人-自主系统编队研究。该项目通过开展集成人类和人工智能、使团队能够在复杂环境中生存和运作	2020年6月，美国陆军研究实验室与卡耐基梅隆大学等合作组成的人-自主系统研究团队正在开发新工具以帮助士兵更好地理解自主系统的行为、意图和目标方面取得了相当大的成功。2021年4月，陆军研究实验室与亚利桑那州立大学合作确定了一套（包含11个）帮助科学家评估自主系统和人类交流的关键方法。这套方法主要考虑了动态、情感、内容等通信结构	该项目的发展将为陆军提供具有与主体团队相同表现的人-主体编队，且能力更加多样，包括具有鲁棒和自适应性恢复能力的团队，这样的团队对团队恢复能力更强，快速、动态地对团队进行重新配置，以达到所需能力，更快、更明智地决策制定等
下一代弹药增材制造科学	美国陆军研究实验室	该项目是陆军研究实验室十大"旗舰工作"之一。为利用增材制造技术的各项优势，陆军开展下一代弹药增材制造相关研究，支持陆军远程精确火力和下一代战车两大优先事项。将增材制造用于下一代弹药，目的是打印定制的弹药，使得弹药射程加倍、杀伤力增加	2020年2月，美国陆军研究实验室已开发出含能聚合物以及金属（包括高强度钢）的3D打印技术，并率先演示了三维结构电路制造技术。2021年3月，美国克莱姆森大学在陆军研究实验室资助下，正在创建一个配备人工智能的"数字生命周期平台"，帮助工程师更快生产、更便宜地设计、分析和制造未来地面车辆、空中平台和弹药等多功能大型复杂几何形状的3D打印部件	该项目将在以下方面带来影响：定制的金属合金和推进剂，将提高弹药的射程、杀伤力和机动性；具有材料、工艺和编译优化知识的几何和工艺的影响响应设计；使设计和材料的使用具有灵活性，且可重复性和低成本得到确认和验证

2021 年陆战领域重大科研试验、演习情况

试验名称	国家	时间	试验情况	验证的关键技术
"会聚工程-2021"综合作战试验	美国陆军	2021年10月12日至11月10日	"会聚工程-2021"美国陆军联合海军、空军在尤马试验场等8个地点完成举行的年度综合演习试验。在"会聚工程-2021"中，陆军联合其他军种，以印太地区第一、第二岛链为背景，以联合全域作战为主题，"链接一切"为理念，设计并演练联合全域态势感知、联合防空反导、联合火力打击、半自主保障补给、基于人工智能的侦察感知、基于综合视觉增强系统的空中突击作战、基于人工智能的地面突击作战7大作战场景大作战场景，探索了人工智能、机器学习、增强现实等107项技术在未来战争中的应用以及未来作战样式	通过融合人工智能、自主系统等先进技术，融合陆海空天网多域作战能力，融合士兵、科学家、工程师多方力量，面向未来战争，对新作战概念、作战方式、作战部队进行综合验证

续表

试验名称	国家	时间	试验情况	验证的关键技术
"刀锋21"作战试验	美国陆军	2021年5月3日至5月14日	"刀锋21"作战试验在美国陆军未来司令部组织实施下,于达各威试验场举行。试验围绕太平洋中的虚构岛屿展开,目的是模拟美国陆军需要的远距离导航以及难以连接到安全网络的不连贯地形。试验期间,美国陆军与空军、海军陆战队联合对侦察机、无人机等50多项新型武器和新技术进行了试验。如在一个作战想定中,"阿尔忒弥斯"侦察机从高空侦察目标并得到确认后,联合指挥部将派遣F-35战机和发射一种新型巡飞弹同时摧毁两个目标	试验验证了无人机、巡飞弹、增强现实护目镜等50多项新型武器和新技术
"雷云"演习	美国陆军	2021年9月9日至20日	"雷云"演习是美国陆军欧洲-非洲司令部第2多域特遣部队、第41野战炮兵旅第6野战炮兵团第1营与盟国、合作伙伴在北极地区共同针对陆军现代化开展试验行动。"雷云"演习期间探索陆地和空间两个作战域,包括远程精确火力和高空气球的概念。演习优先考虑了美国陆军野战炮兵部队和远程部队的未来精确打击火力	试验了高空气球、"传感器-射手"能力和远程精确火力,以及新的作战方法

续表

试验名称	国家	时间	试验情况	验证的关键技术
陆军作战试验2021	英国陆军	2021年10月	"陆军作战试验2021"是英国陆军与工业部门合作伙伴联合在威尔特郡的索尔兹伯里平原举行的，目的是增强英国陆军在未来战场上的技术训练能力。该作战试验利用技术为未来复杂的战争做准备，旨在试验和展示下一代集训系统，为未来陆军和国防部发展决策提供信息。该作战试验中，共有31种新装备、新系统进行了演示，英国陆军多个单位的作战人员将对这些创新技术进行实装和仿真试验评估	该试验还向工业提出了5项挑战，将使概念转化为实际可用的技术：通用、沉浸式、高可信度的合成系统；提高城市训练环境质量；沉浸式、多层次、先进的声音及应用交互系统；改进所有数据系统的数据采集、访问、反馈和应用；独立、可部署、可扩展的连通性解决方案
"通信演习"系列试验	美国陆军	2021年	以"通信演习2"为例，4月初，美国陆军组织数百名科学家、工程师和保障人员在9个不同试验区实施了"通信演习2"试验活动，为2021年秋"会聚工程"作战试验行动进行技术准备。"通信演习2"目的是考察多种技术之间的数据共享。具有应用前途的新技术有可能纳入"会聚工程"作战试验，未来升级到陆军综合战术网络"2023年能力集合"和"2025能力集合"	验证多种技术之间的数据共享，为"会聚工程"作战试验做准备

续表

试验名称	国家	时间	试验情况	验证的关键技术
"对抗城市环境2021"演习	英国国防部	2021年11月	"对抗城市环境2021"演习在英国国防部科学技术实验室领导下,于朴茨茅斯及其海军基地选定的街道上进行。演习期间,英国及其盟国的科学家、工程师试验了一些具有在人为环境中发现敌军的潜在能力的技术。来自第1情报监视和侦察旅、第1步枪营和第1炮兵旅的军事人员也对新型设备和一整套未来技术进行了评估	试验帮助盟军部队在城市环境中作战新技术,包括:利用人工智能和机器学习识别威胁;支持地面、空中和海上的情报监视和侦察活动的先进技术;用于探测城市环境中无人机的先进传感器和技术等
基于人工智能的目标识别试验	美国陆军	2021年10月	美国陆军在布拉格堡举行的"红龙"演习中,演示将两枚GBU-32炸弹投放到人工智能工具选择的靶场目标上,演习目的是试验将人工智能应用于多个数据流,加快发现并打击入侵行动之前的目标。本次演习使用了"专家"项目开发的软件系统,以在更大的区域进行操作,为此演习范围覆盖了从弗吉尼亚到乔治亚州的多个靶场,数千个潜在目标分布在大约7200千米^{2}内	验证基于人工智能的目标识别能力

续表

试验名称	国家	时间	试验情况	验证的关键技术
自主多域发射系统试验	美国陆军	2021年6月	美国陆军远程精确打击跨职能小组与作战能力开发司令部航空与导弹中心、地面车辆系统中心、第18野战炮兵旅在俄克拉何马州希尔堡合作开展了自主多域发射车的实弹射击试验。自主多域发射车是"海玛斯"系统的无人化改型，在原平台上增加了"引领-跟随"自主伴随、自动路标导航和遥控驾驶等自主化能力。此次试验总共发射了7枚火箭弹，模拟了射程500千米的陆军"精确打击导弹"，试验想定选择了印度洋-太平洋战区，重点演示了自主多域发射车在"反介入/区域拒止"多域作战中的潜力	主从式"海玛斯"系统多域场景的实弹试验